DEN GEMEINSAMEN GLAUBEN BEKENNEN

DEN GEMEINSAMEN GLAUBEN BEKENNEN

ERKLÄRUNGEN UND TEXTE
DER THEOLOGISCHEN KOMMISSION
DER ARBEITSGEMEINSCHAFT
CHRISTLICHER KIRCHEN
IN HAMBURG
AUS VIER JAHRZEHNTEN

Herausgegeben
von
Dennis Meier
und
Annette Reimers-Avenarius

Steinmann

2. erweiterte Auflage

Covergestaltung: Elsa von Rahden, Fischerhude
Herstellung: BoD – Books on Demand GmbH, Norderstedt
Printed in Germany
ISBN 978-3-927043-76-3

www.steinmannverlag.de

Inhaltsverzeichnis

Das Glaubensbekenntnis von Nicäa-Konstantinopel

Wir glauben an den einen Gott,
den Vater,
den Allmächtigen,
der alles geschaffen hat,
Himmel und Erde,
die sichtbare und die unsichtbare Welt.

Und an den einen Herrn Jesus Christus,
Gottes eingeborenen Sohn,
aus dem Vater geboren vor aller Zeit:
Gott von Gott,
Licht vom Licht,
wahrer Gott vom wahren Gott,
gezeugt, nicht geschaffen,
eines Wesens mit dem Vater;
durch ihn ist alles geschaffen.
Für uns Menschen und zu unserm Heil ist er vom Himmel gekommen,
hat Fleisch angenommen durch den Heiligen Geist
von der Jungfrau Maria und ist Mensch geworden.
Er wurde für uns gekreuzigt unter Pontius Pilatus,
hat gelitten und ist begraben worden,
ist am dritten Tage auferstanden nach der Schrift
und aufgefahren in den Himmel.
Er sitzt zur Rechten des Vaters
und wird wiederkommen in Herrlichkeit,
zu richten die Lebenden und die Toten;
seiner Herrschaft wird kein Ende sein.

Wir glauben an den Heiligen Geist,
der Herr ist und lebendig macht,
der aus dem Vater hervorgeht,
der mit dem Vater und dem Sohn angebetet

und verherrlicht wird,
der gesprochen hat durch die Propheten,
und die eine, heilige, christliche und apostolische Kirche.
Wir bekennen die eine Taufe zur Vergebung der Sünden.
Wir erwarten die Auferstehung der Toten
und das Leben der kommenden Welt.

Amen.

Vorwort

In seinem Vorwort zur ersten Auflage dieses Bandes anlässlich des 30-jährigen Bestehens der Theologischen Kommission der Arbeitsgemeinschaft Christlicher Kirchen in Hamburg zitierte Helge Adolphsen 2009 (damals Hauptpastor von St. Michaelis in Hamburg) Stephen Coveys Weisheit: *„Die Hauptsache ist, dass die Hauptsache die Hauptsache bleibt!“*

Wie einfach und schwer es gleichzeitig ist, bei der Hauptsache zu bleiben oder diese immer wieder zu benennen, darum dreht sich immer wieder die Arbeit der Theologischen Kommission. Paulus schreibt an seinen Freund und Mitarbeiter Timotheus: „Die Hauptsumme (griech. Telos = Ziel) aller Unterweisung aber ist Liebe aus reinem Herzen und aus gutem Gewissen und aus ungefärbtem Glauben“ (1. Tim 1,5). Lehre (Unterweisung) hat die Liebe (griech. Agape) zum Ziel. In den kirchlichen Verwerfungen der Vergangenheit, angefangen beim Streit zwischen Christen jüdischer und christlicher Herkunft im ersten und zweiten Jahrhundert, über die großen Schismen von 1054 und 1517 bis hin zur Fragmentierung der Christenheit im Osten und Westen war es immer das Naheliegende, an der geschwisterlichen Liebe zu sparen, ja war diese häufig das erste Opfer. Eine Gefahr und Versuchung, die sich bis heute nicht geändert hat. Das Ziel geht schnell aus den Augen verloren.

So gesehen sind die Texte, Veröffentlichungen und Thesen, die die Theologische Kommission seit nunmehr 40 Jahren produziert, nur Nebenprodukte. Das Eigentliche ist die Tatsache, dass Christinnen und Christen unterschiedlicher Herkunft es so lange schaffen, sich aufrichtig zuzuhören, zu respektieren, zusammen zu beten, zu singen, zu studieren und sich als Schwestern und Brüder in Christus zu begegnen. Das ist die Hauptsache! Die Menschen, die sich unterm Kreuz versammeln.

Zusammen beobachten wir besorgt die Entwicklungen in Gesellschaft und Politik, die in ihrer Ab- und Eingrenzungstendenz eine Kühle und Rohheit offenbaren, die uns Christen und Christinnen zusammenrücken lassen muss. Zusammen haben wir getrauert um Weggefährtinnen und Weggefährten: Bruder Ambrosius Backhaus, dessen orthodoxe Stimme und trefflicher Humor uns so lange begleitete; Bruder Lodewigs, der bis zum Ende der Kommission angehörte und zuletzt um die Geschäftsführerin der ACK Hamburg, Martina Severin-Kaiser, die tragisch und viel zu früh von uns ging. Die Spuren des Wirkens und Lebenswerkes dieser Menschen sind zwischen und sogar in den Zeilen dieser Texte festgehalten.

Im Sinne dieser von Paulus dreifachen Hauptsache der Lehre (Liebe, gutes Gewissen, ungefärbter Glaube) entstanden in den letzten zehn Jahren vier weitere Texte der Kommission, nämlich über die christliche Zukunft (Eschatologie), die Taufe, die nichtchristlichen Religionen und die Gerechtigkeit. Jedes dieser Themen stellt eigentlich eine völlige Überforderung für den kleinen Kreis der Theologischen Kommission dar. Noch viel kühner ist es, diese Themen in Texten von nur wenigen Seiten zusammenzufassen und sie der Öffentlichkeit anzubieten. Und doch war allen klar: Diese Themen gehören zur Hauptsache. Um es im Bild des Wettlaufes zu sagen, das der Apostel Paulus ja auch bringt: Eschatologie: Haben wir wirklich das gleiche Ziel? Taufe: Haben wir die gleiche Startlinie? Theologie der Religionen: Wer rennt eigentlich noch mit? Und schließlich die Gerechtigkeit: Nach welchen Regeln geht der Lauf?

In diesem Sinne möge Ihnen die vorliegende Quellensammlung, deren Texte chronologisch geordnet sind, dienlich sein. Einige der Texte, die Mitglieder der Theologischen Kommission und viele Informationen mehr finden Sie unter: www.ack-hamburg.de.

Zwei ökumenische Grunderkenntnisse bleiben nach all den Jahren des Nachdenkens um den runden Tisch. 1. Es verbindet uns mehr als uns trennt. 2. Es ist nicht die Theologie, sondern Jesus Christus. Manche wissen das intuitiv, manche müssen es erst erfahren. Wir durften es erleben!

Dennis Meier und Annette Reimers-Avenarius,
Hamburg, im Juni 2019

Vorwort zur ersten Auflage 2009

Die Arbeitsgemeinschaft Christlicher Kirchen in Hamburg hat vor mehr als dreißig Jahren eine „Theologische Kommission“ eingerichtet. Sie setzt sich zusammen aus Vertretern fast aller Konfessionen, Kirchen und Gemeinden, die zur ACK in Hamburg gehören. Ihre Aufgaben und Themen sucht sie sich zumeist selbst. Manchmal erhält sie Bitten und Aufträge vom Vorstand der ACKH. Die Mitglieder sind – bis auf Ausnahmen – keine entsandten Vertreter ihrer Kirchen.

Dieses Gremium pflegt in den viermal jährlich stattfindenden Sitzungen und beim jährlichen Ökumenischen Studientag der ACKH das ausführliche Gespräch über zentrale theologische Themen. Ziel ist es, jeweils den Ertrag in eine Erklärung zu fassen, die veröffentlicht wird. Diese Erklärungen sind der Versuch, Theologie verständlich in heutige Sprache und heutiges Verstehen zu übersetzen. Sie wollen und können keine verbindliche Lehrmeinung sein. Dafür hat die Kommission kein Mandat und kein Recht. Verbindlichkeit haben die Gesprächsergebnisse aber insofern, als sie aus der persönlichen Verbindlichkeit des eigenen Glaubens und aus der Verbundenheit mit dem Herrn der Kirche gewagt werden. In diesem Sinne sind sie Einladungen und Anstöße zum Nachdenken und wollen den Leserinnen und Lesern Mut machen, die Kernfragen des christlichen Glaubens auch persönlich zu beantworten. Die Zielgruppe ist offen und weit. Angesprochen werden sollen aber besonders Interessierte, Fragende, Suchende und Zweifelnde.

Diese Texte sind der Öffentlichkeit unter anderem in der Zeitschrift „Einheit der Christen in Hamburg“ zugänglich gemacht worden. Sie sind auch auf der Homepage der Arbeitsgemeinschaft Christlicher Kirchen in Hamburg einsehbar (www.ACK-Hamburg.de). Nach dreißig Jahren Arbeit der Kommission legen wir diese Texte der Öffentlichkeit nun – zum Teil in gekürzter Form – als Dokumentation vor.

Seit vielen Jahren orientieren sich die Themen an dem Studiendokument der Kommission für Glauben und Kirchenverfassung des Ökumenischen Weltrats der Kirchen mit dem Titel „Gemeinsam den einen Glauben bekennen“ (Genf 1991). Dieses Studiendokument ist „eine ökumenische Auslegung des apostolischen Glaubens, wie er im Glaubensbekenntnis von Nizäa-Konstantinopel (381) bekannt wird“. Darum haben wir den Text dieses Glaubensbekenntnisses unserer Schrift vorangestellt.

Die vier Erklärungen zu Gott, dem Allmächtigen, zur Trinität, zum Kreuz und zur Auferstehung sind Auslegungen zentraler Sätze des alle Christinnen und Christen verbindenden Glaubensbekenntnisses.

Im zweiten Teil finden sich die Ergebnisse der Gespräche zum Stand der Ökumene in Hamburg. Sie nehmen Stellung zu offiziellen Erklärungen oder anderenorts diskutierten Fragen: „Modelle christlicher Einheit“ (unter 1.) und „Konvergenz-Erklärung über das Amt“ (unter 2).

Die beiden Erklärungen „Zeugnis und Dienst der Christinnen und Christen in Hamburg“ (unter 4.) sowie „Das Volk Israel und die Mission der christlichen Kirchen“ (unter 5.) nehmen, indem sie sich dem Thema „Mission“ bzw. der Neubewertung der Mission an den Juden widmen, bewusst strittige und aktuelle Fragen auf.

Angesichts der durch die Mitglieder repräsentierten Vielfalt trennender Lehrunterschiede, unterschiedlicher Prägungen und Frömmigkeitsstile stellen diese beide Erklärungen wie auch die anderen ein erstaunliches Ergebnis dar. Dass es überhaupt zu gemeinsam verantworteten Texten kam, ist dem ehrlichen Bemühen aller geschuldet, sich am Grundkonsens und am Einssein im Glauben trotz aller Gegensätze zu orientieren: „Gemeinsam den einen Glauben bekennen“. Ehrlichkeit und gegenseitiger Respekt zeigen sich auch darin, dass in machen Erklärungen festgestellt wird, worin sich die Mitglieder nicht einig sind. Konsens und Differenzen schließen einander in der Ökumene nicht aus.

In den ausführlicheren „Dokumentationen und Arbeitspapieren" wird dieses besonders deutlich. In ihnen treten die unterschiedlichen Sichtweisen einzelner Mitglieder z.T. deutlich hervor (nicht in der zweiten Auflage enthalten).

Zu den Mitgliedern der Theologischen Kommission gehören (mit wechselnden Personen) Vertreter der Anglikanischen Kirche, der Ev.-luth. Landeskirche, der Ev.-reformierten Kirche, der Ev.-methodistischen Kirche, des Verbandes Ev.-freikirchlicher Gemeinden in Hamburg (Baptisten), der Selbständigen Ev.-lutherischen Kirche, der Herrnhuter Brüdergemeine, der Römisch-katholischen Kirche, der Russisch-orthodoxen Kirche, der Rumänisch-orthodoxen Kirche, der Kirche der Gemeinschaft der Freunde (Quäker), der Siebenten-Tags-Adventisten.

Nach dreißig Jahren intensiven Nachdenkens über zentrale theologische Themen und Glaubensüberzeugungen machen wir die Ergebnisse der Theologischen Kommission nun in diesem Sammelband zugänglich. Theologie ist und bleibt die Hauptsache und das Herz aller Kirchen und Gemeinden.

Für die Zukunft gilt deshalb: „Die Hauptsache ist, dass die Hauptsache die Hauptsache bleibt!" Unser Wunsch ist, dass die hier gesammelt herausgegebenen Dokumente eine interessierte Leserschaft finden. Darüber hinaus können die Erklärungen und Dokumentationen und Arbeitspapiere in den Kirchengemeinden als Grundlage für Diskussionen und gemeinsame theologische Arbeit an der Basis dienen. Wir wünschen den Lesern der hier gesammelten Texte interessante Einblicke in das ökumenische Leben in Hamburg und bereichernde Einsichten über den Glauben, der uns Christinnen und Christen eint.

Helge Adolphsen,
Hamburg, im Mai 2009 und im September 2019

ERKLÄRUNGEN UND TEXTE

DER THEOLOGISCHEN KOMMISSION

1. Modelle christlicher Einheit (1982)

Zeugnis des Neuen Testaments

Das Zeugnis des Neuen Testaments kennt zwar verschiedene Theologien und Gruppierungen, aber noch nicht das Nebeneinander konfessionell getrennter Kirchen. Die in ihm bezeugte Einheit der Kirche gründet auf dem einen Herrn und lebt durch die Mittel der Einheit, die noch heute für das Selbstverständnis aller Konfessionen konstitutiv sind (das eine Evangelium, die eine Taufe, das eine Herrenmahl).

Auf dieser Grundlage gilt es, weitere Schritte zu tun in Richtung auf die Wiedergewinnung der umfassenden Einheit aller Einzelkirchen in der weltweiten und alle Konfessionsgrenzen transzendierenden Kirche Christi.

Das verbindliche Lehrgespräch als Weg zu größerer Gemeinschaft (Beispiel der Leuenberger Konkordie)

Nicht unbedeutende Schritte zur Wiederherstellung gebrochener kirchlicher Einheit sind die gegenseitige Anerkennung konfessions-verwandter Gruppierungen (vgl. Arnoldshainer Thesen/Leuenberger Konkordie) oder deren Zusammenschluss (z.B. Unierte Kirchen/Kirchenbünde) durch die Aufhebung von enger Gemeinschaft verhindernde oder Kirchengemeinschaft bisher ausschließende Momente.

Größere Einheit zwischen verwandten Konfessionen ist nötig und am leichtesten möglich und schon heute als selbstverständlich zu erwarten. Sie lässt aber weitere ökumenische Fragen offen, auf denen die eigentliche Problematik der nach wie vor getrennten Kirchen beruht und bezüglich derer weiterreichende Verständigung dringend nötig ist.

Organische Union

Grundsätzlich bleibt das *desiderium optimum* kirchlicher Einheit in organisch korporativer Gestalt (*organic union*) einer alle Teilkirchen umfassenden Gesamtkirche, deren Einheit auch von ihrem äußeren Erscheinungsbild her nicht mehr in Frage zu stellen wäre. Die geistliche Einheit in Christus macht solche sichtbare Einheit in und vor der Welt nicht überflüssig, sondern fordert sie geradezu. Solche organische Union wurde beispielweise in der Kirche von Südindien erreicht. Auch der anglikanisch-methodistische Dialog zielt in diese Richtung.

Die Hindernisse, die einer solchen Form kirchlicher Einheit im Wege stehen, sind aber noch so greifbar, dass die Einheit in dieser Weise vielen als utopisch erscheint. Sie darf nicht zu eng juridisch oder administrativ verstanden werden. Hier hat insbesondere das 2. Vatikanische Konzil der röm.-kath. Kirche Wege zu einem umfassenden Einheitsverständnis gewiesen. Als ideelles Ziel ist organische Union nicht leichthin preiszugeben, damit mögliche Annäherungswerte im Vollzug neuer Schritte voraus auf größere sichtbare Einheit hin auch wirklich erfolgen.

Tropenidee

Ein besonders interessanter Versuch, bestehende konfessionelle Traditionen nicht nur in einer kirchlichen Gemeinschaft zu vereinen, sondern sie auch zu erhalten, war die Tropenidee (1744-1789) in der Evangelischen (Herrnhuter) Brüdergemeine des 18. Jahrhunderts. Um zugleich die Brüdergemeine selbst vor Konfessionalismus zu bewahren, sollten Mährische Brüder, Lutheraner und Reformierte ohne Preisgabe ihres jeweils besonders geprägten Glaubensverständnisses miteinander volle Gemeinschaft haben können. Ihre unterschiedlichen Lehrweisen (griech. *tropoi paideias*) sollten als verschiedene mögliche Tropen gleichberechtigt stehen. Gegenüber dem weiter bestehenden Konfessionalismus konnte sich dieses Modell nicht durchsetzen und nicht verhindern, dass auch die Brüdergemeine selbst konfessionsähnliche Prägung bekam.

Konziliare Gemeinschaft

Die Vorstellung einer Konziliaren Gemeinschaft gemäß den Empfehlungen von Salamanca 1973, wie sie auch 1975 in Nairobi erwägungsweise aufgenommen wurden, scheint unter bewusster Aufnahme vorliegender rassischer, kultureller, sprachlicher und sozialer Komponenten und ebenso bewusster Preisgabe der konfessionellen Identität auf Ortsebene ein höchstes Maß wirklicher Einheit („*truly united*") praktisch möglich zu machen. Dabei ist der Ausdruck „konziliare Gemeinschaft" von „Konzil" her zu verstehen, nicht von „council" = „Rat, Arbeitsgemeinschaft".

Die lokalen Arbeitsgemeinschaften Christlicher Kirchen, wie sie sich in den letzten Jahren entwickelt haben, sollen Entscheidungsgremien werden. Als verbindliche Gemeinschaft sind sie Gemeinde am Ort, die sich um die Schrift und in der Feier der Eucharistie versammelt, sich für Austausch, Beratung und Auseinandersetzung öffnet und mit der Kirche an allen Orten in Gemeinschaft steht.

Solche konziliare Gemeinschaft am Ort würde den Weg bereiten zu einem ökumenischen Konzil als einem charismatischen Ereignis.

Versöhnte Verschiedenheit

Im Gegensatz dazu steht das Modell „Versöhnte Verschiedenheit" als Erweiterung und Vertiefung des Modells „Kirchengemeinschaft". Dabei ist wichtig, dass das Konzept ebenso wenig wie die anderen Modelle rein theoretisch verstanden wird. Es erscheint als „differenzierte Glaubenseinheit". Die versöhnte Verschiedenheit kann verstanden werden als dasjenige Modell kirchlicher Einheit, auf das bilaterale Dialoge ihrer Struktur und ihren Ereignissen nach hinauslaufen.

In diesem Modell geht es um eine Gestalt der Einheit, in der die konfessionellen Traditionen und Gemeinschaften nicht grundsätzlich preisgegeben werden müssen, sondern in ihren wesentlichen Elementen bewahrt bleiben. Es ist also eine Versöhnung und Gemeinschaft durch kraftvolle Bejahung des anderen in seinem legitimen Anderssein.

Solange die historisch gewordenen Kirchen nicht in größerem Maße bereit sind, sich aus allen ihren Verschiedenheiten auf einander hin zu verändern, wird ein Versöhnungsdefizit der vollkommenen sichtbaren Einheit der Kirche entgegenstehen.

Patriarchale Ordnung (Schwesternkirchen)

Besonders den Kirchen aus der römischen und orthodoxen Tradition erscheint das Modell der „Versöhnten Verschiedenheit" als zu unverbindlich. Konfessionelle Unterschiede dürfen bestehen bleiben als Ausdruck verschiedener Mentalität, Frömmigkeitsform, des „Ritus" im orthodoxen Verständnis. Doch muss ein Weg gefunden werden, die kirchliche Gemeinschaft deutlich vor der Welt darzustellen. Hier bietet die Kirche des 1. Jahrtausends und die orthodoxe Praxis bis heute ein Beispiel durch ihre patriarchalische Ordnung.

Für die Ökumene heute ist dabei bedeutsam, dass dieses Modell nicht auf hierarchische Kirchenstrukturen beschränkt bleibt, sondern auch für Kirchen mit synodalen Strukturen offen ist. Kirchen, die die kirchliche Gemeinschaft miteinander aufnehmen, werden zu Schwesternkirchen.

Korporative Wiedervereinigung

Einen besonderen Akzent setzte in die Gespräche über Modelle kirchlicher Einheit der kath. Bischof Heinrich Tenhumberg von Münster (†1979). Ausgehend von der Vision der konziliaren Gemeinschaft, wie sie in Nairobi beschrieben wurde, entwickelte er – im Rückgriff auf Hans Asmussen – das Modell der korporativen Wiedervereinigung von Ortskirchen. Als Ortskirche verstand er dabei die von einem Bischof geleitete Teilkirche bzw. eine reformatorische Kirche als Korporation. Solche Ortskirchen könnten nach Klärung der bekannten offenen Fragen als notwendiger Voraussetzung regionale Vereinbarungen, partielle Absprachen treffen, um bereits vor einer gesamtkirchlichen Übereinstimmung zu einer Union zu kommen.

Bilaterale Dialoge

Bilaterale Gespräche, wie sie seit einigen Jahren z.B. zwischen der römisch-katholischen und den lutherischen Kirchen stattfinden, haben zu erstaunlichen und erfreulichen Einzelgesprächen geführt, die den ökumenischen Dialog verbindlich vorantreiben können. Sie sind als Einzeldokumente veröffentlicht worden: z.B. „Das Herrenmahl", „Alle unter einem Christus", „Das geistliche Amt in der Kirche". Greifbare Ereignisse haben auch die katholisch-reformierten Gespräche mit dem Dokument „Die Gegenwart Christi in Kirche und Welt" und der katholisch-anglikanische Dialog gebracht. Hier sind ökumenische Fortschritte auf kirchenoffizieller Ebene mit einem hohen Grad von Verbindlichkeit erzielt worden. Selbstverständlich sind die bilateralen Gespräche eingebettet in den gesamten ökumenischen Zusammenhang. Die Rezeption durch die Kirchen muss dabei Hand in Hand gehen mit der Rezeption durch die Gemeinden und durch einzelne Gläubige. Hier liegt eine Fülle von Aufgaben für die ökumenische Arbeit am Ort.

Schluss

Unsere Bemühungen um Einheit in den inneren Lebensformen und strukturellen Fragen schließen die Erkenntnis nicht aus, sondern ein, dass unser Glaube einen festen, uns gemeinsamen Grund hat und dass wir einen gemeinsamen Auftrag in der Welt und an die Welt haben. In dem sich daraus ergebenden Dienst erfahren wir, wie sehr uns die Liebe zu Christus in schon gegebener Einheit des Glaubens mit ihm als unserem Herrn und uns miteinander als die Seinen verbindet.

In dem unablässigen Verlangen nach größerer sichtbarer Einheit und im gemeinsamen Wirken dafür werden wir dann inne, dass trotz aller Vielfältigkeit von Erfahrungen, Riten und Ordnungen immer wieder unübersehbar deutlich wird, dass wir Jesus Christus als unseren gemeinsamen Herrn verkündigen, durch den uns auch Gemeinschaft mit Gott und darum in der tiefsten Wurzel auch Einheit vor ihm schon gegeben ist.

2. Stellungnahme zur Konvergenzerklärung über das Amt (Lima-Papier – 1986)

Als Mitglieder verschiedener Kirchen der ACKH mit unterschiedlichen Glaubenstraditionen und Lehrausprägungen stellen wir gemeinsam fest:
Die christlichen Kirchen befinden sich auch in der Lehre vom kirchlichen Amt in einem deutlich ökumenischen Konvergenzprozess, selbst wenn eine volle gegenseitige Anerkennung und Annahme in uneingeschränkter Kirchengemeinschaft gegenwärtig noch nicht möglich ist. Wir fragen aber, ob nicht die Zeit reif sei für eine „explizite und verbindliche *relative* Anerkennung" (Hans Dombois, Kodex und Konkordie, 1972, S. 77).

In der ACKH haben wir über pragmatische Zusammenarbeit weit hinausgehend in so hohem Maße auch geistliche Gemeinschaft erfahren, dass zur nicht möglichen vollen kirchlichen Anerkennung mit Einbeziehung voller gegenseitiger Anerkennung der Gültigkeit des jeweiligen kirchlichen Amtes die Aberkennung einer solchen *keine mögliche Alternative* mehr sein kann.

Wir stellen fest, dass wir nicht so miteinander umgehen, als ob die Kirche oder kirchliche Gemeinschaft, zu der andere gehören, „nichts" sei oder als ob dem in ihrer Kirche gegebenen Amt keine Gültigkeit oder Autorität beizumessen wäre. Es ist darum an der Zeit, die gegebene und praktizierte relative gegenseitige *Anerkennung des Kirchentums und der Ämter positiv zu formulieren*, so dass von daher auch weitere Schritte der Herstellung umfassender Kirchengemeinschaft und der gegenseitigen vollen und ausgesprochenen Anerkennung der Ämter getan werden können. Wir sehen hierzu gute Ansätze im Abschnitt „Amt" der Konvergenz-Dokumente von Lima.

Wir haben gemeinschaftlich erfahren, dass wir im Sinne umfassender Kirchengemeinschaft und gegenseitiger Anerkennung *f a k t i s c h weiter sind, als zu formulieren* dogmatisch oder kirchenamtlich derzeit möglich wäre. Dies gibt uns Hoffnung für weitere Entwicklungen in dieser Richtung.

Die in ökumenischer Gemeinschaft gemachten Erfahrungen von der Führung durch den Heiligen Geist lassen uns hoffen, dass die von den einzelnen christlichen Kirchen in ihrer Tradition ausformulierten Sätze über die wahre Lehre bzw. die entsprechenden Verwerfungen (Gegen-Sätze) in ihrer Begrenzung und ihren Relationen erkannt und auf einer neuen Verstehensebene in unserer Zeit nicht mehr als kirchentrennend empfunden werde.

Maßstab jetzt möglicher relativer gegenseitiger Anerkennung von Kirche und Amt ist deshalb nicht nur der Verstehensprozess, sondern zugleich die *Rücksicht* auf die jeweilige *Treue und Gewissensbindung* innerhalb der einzelnen kirchlichen Gemeinschaften. Mit anderen Worten: Das theologische Gespräch darf niemals mit dem Ziel geführt werden, den anderen zur Untreue gegen den an ihn ergangenen Ruf Gottes bewegen zu wollen. Bei diesem Erkenntnis- und Entwicklungsstand *verzichten wir bewusst* darauf, von unserer Kirche/Konfession her die Gültigkeit des Kirchentums und der Ämter anderer Konfessionen, die sich mit uns zur ökumenischen Gemeinschaft der Kirchen halten, *zu bestreiten*, auch wo uns eine förmliche volle Anerkennung derselben derzeit noch nicht möglich ist.

In ökumenischer Bußgesinnung müssen die Kirchen mehr und mehr bekennen, dass Übertreibungen und Verzerrungen früherer Polemik oft kirchenamtliche Stellungnahmen der jeweiligen Gegenseite mit hervorgebracht haben. Dieser Divergenzprozess wird durch den *Prozess der Konvergenz* abgelöst. Ohne die geschichtlich konkrete Kirchengestaltung aufzugeben, fragen die Kirchen heute vorwärtsgewandt und zielorientiert nach der Konvergenz ihrer verschiedenen Glaubenswege als Gemeinschaft von Wort und Sakrament in der Einen, Heiligen, zur Gemeinschaft verpflichteten Apostolischen Kirche.

Auf einem solchen Wege der relativen Anerkennung und aufeinander zugehenden Liebe ergibt sich die Möglichkeit einer *weitergehenden Anerkennung* der Ämter. Wenn wir darauf verzichten, die jeweils eigene Kirchenordnung und Lehrtradition als allein normativ zu setzen, sind wir offen für die Herstellung der vollen kirchlichen Gemeinschaft, wie sie als förderative Einheit von Schwesternkirchen, konziliarer Gemeinschaft oder Versöhnter Verschiedenheit beschrieben sind (vgl. Dokumentation in ECH Jahrgang 10, Dezember 1982).

Das mit der ordnungsmäßigen Verwaltung der Sakramente, dem Verkündigungsauftrag und der Gemeindeleitung betraute und durch Ordination legitimierte Amt hatte in der Kirche besondere Würde und Bedeutung und machte in seiner dreigliedrigen Gestalt (Bischöfe, Presbyter, Diakone, vgl. Lima-Dok., Amt III, A. Nr.19-25) und unter Einsetzung durch Handauflegung sukzessiv die Amts- und Glaubensgemeinschaft mit der gesamten Kirche deutlich. *Dieses ordinierte Amt ist als solches eingebunden in die Fülle der Gaben (Charismata) und Dienste,* die insgesamt im Gottesvolk vorhanden sind und wahrgenommen werden. Einzelne traditionelle und in verschiedenen Interpretationen der biblischen Botschaft begründete Unterschiede stehen unter der Voraussetzung des unter Nr. 9 Gesagten.

Zur Frage der *apostolischen Sukzession* macht sich die Kommission den Absatz 9 ihrer Dokumentation über das Selbstverständnis des kirchlichen Amtes vom 11. Dezember 1978 erneut zu eigen:

„Die apostolische Sukzession des Amtes in der apostolischen Kirche wird von allen festgehalten, jedoch unterschiedlich beschrieben: als Übertragung des den Aposteln gegebenen Auftrages durch Gebet und Handauflegung (Weihe/Ordination) oder als faktische Fortführung des Auftrages und der Botschaft der Apostel."

Im ökumenischen Lern- und Wachstumsprozess steht uns vor Augen, wie der Herr Jesus Christus seine Jünger erwählte, bevollmächtigte und aussandte. In seinem Auftrag zum Dienst für das Reich Gottes gerufen, vertrauen wir auf seine Hilfe und darauf, dass sein Gebet die Einheit der Kirche so bewirkt, dass die Welt glaubt (Joh 17).

Beschluss: „Die Theologische Kommission legt die Stellungnahme zur Konvergenzerklärung über das Amt (Lima-Papier) in der am 17.01.1986 beschlossenen Form der Vollversammlung vor.“

Einstimmig beschlossen.

Hamburg, den 17.01.1986

3. Wir glauben an Gott ... (1989 – Kurzfassung)

Gott der Allmächtige – Gott der Allerhalter

Wenn das Glaubensbekenntnis sagt, dass Gott allmächtig ist (Pantokrator), meint es ihn auch als Allerhalter.

Damit wird die Allmacht nicht in Frage gestellt, sondern sie wird gerade auf das Handeln Gottes mit Bezug auf den Menschen hin zugespitzt: „Er ist gut und menschenliebend" (Chrysostomos-Liturgie).

Wir können Gott nur so erkennen, wie er sich uns offenbart. Er hat sich uns in Jesus Christus offenbart als der gnädige, barmherzige und der ganzen Schöpfung zugewandte Gott.

Die Aussage vom Allerhalter vertieft unser Bekenntnis zu Gott als Vater. Dadurch wird jedes in der menschlichen Gesellschaft gestörte Vaterbild berichtigt. Wir dürfen ihn als den Menschenliebenden anrufen.

Gott ist immer der z u e r s t Handelnde. In der Bundesgeschichte wird er als der erfahren, der seine Allmacht den Menschen zugute anwendet. „Ich bin der Herr, dein Gott, der ich dich aus Ägyptenland, aus der Knechtschaft, geführt habe" (2. Mose 20,2). Dies Wissen kommt auch in der neuen Übersetzung des Gottesnamens in 2. Mose 3,13 zum Ausdruck: „Ich bin der Ich-bin-da".

Der Glaube an Gott als den Allerhalter wird in Frage gestellt durch Erfahrungen des Bösen, von Leid, Sinnlosigkeit und Ungerechtigkeit in der menschlichen Gesellschaft und der ganzen Schöpfung. Die Antwort liegt in den Verheißungen Gottes und letztendlich darin, dass Gott alles Böse mitleidend überwindet, weil er die Welt mit sich versöhnt hat durch seinen Sohn Jesus Christus (vgl. 2. Kor 5,19).

Gott der Schöpfer, die Schöpfung, der Schöpfungsauftrag

Über die fortdauernde Wirksamkeit Gottes

Die Bibel fordert uns mit dem Schöpfungsbericht auf, in das Lob des Schöpfers einzustimmen. Der erste Artikel ist im Sinne von „orthodox“ als das „rechte Lob“ zu verstehen.

Das Bekenntnis zu dem einen Gott, der alles geschaffen hat, sagt aus, dass Gottes Schöpferkraft jederzeit wirksam ist und nicht nur ein Handeln in der Vergangenheit bezeichnet. Gott bleibt in jedem Schritt der Entwicklung der Handelnde. Darum muss eine naturwissenschaftliche Weltsicht (z.B. die Evolutionstheorie) nicht im Widerspruch zum Glauben stehen.

Das Bekenntnis zu dem Schöpfer und der Schöpfung beinhaltet auch die Aussage, dass die Welt und alles Geschaffene einen Anfang hat und dementsprechend auch auf ein Ende zugeht. Erhalten und durchwirkt ist diese Schöpfungswirklichkeit allein vom dreifaltigen Gott.

Gott hat sein Geschöpf, den Menschen, zum Mitschöpfer beauftragt, indem er ihm die Erde anvertraut, sie zu beherrschen, zu bebauen und zu bewahren. Diesen Auftrag verfehlt der Mensch, indem er sich selbst an die Stelle Gottes setzt und so die ganze Schöpfung verdirbt und bedroht. Dennoch bleibt die Aufgabe des Menschen, Gottes Eigentum nach Gottes Willen zu schützen und zu entfalten, nicht auszubeuten und nicht zu zerstören.

Gott der Vater

Gott lässt sich Vater nennen. Er kann damit persönlich angesprochen werden und bietet eine verlässliche Vertrauensbeziehung an.

Als Vater und Ursprung allen Lebens ist Gott analogielos. Der Mensch ist nur als „Mann u n d Frau“ Gottes Ebenbild. Gott ist nicht das Ebenbild eines einzelnen Menschen.

Gott als dem Ursprung allen Lebens entspricht, dass die Entstehung menschlichen Lebens auf Mann u n d Frau gleichwertig angewiesen ist.

Kirchen- und Theologiegeschichte haben vielfältig in Sprache und Strukturen „Gott“ und „Mann“ zu nahe zusammengestellt, dadurch die Frauen abgewertet, zeitweise unterdrückt und den vertrauensvollen Zugang zur Anrede Gottes schwerwiegend behindert. Diese Geschichte ist nicht zu verleugnen, sondern zu beklagen.

In der gefallenen Schöpfung geschieht Herrschaft eines Geschlechts über das andere. In der neuen Schöpfung wird diese Herrschaft durch Christus überwunden.

Zum offenbarten Gottesbild der Bibel gehören auch Eigenschaften, die gemeinhin als weiblich bezeichnet werden. Gott kann darum als Vater insoweit angerufen werden, als er barmherzig ist und tröstet, wie eine Mutter tröstet.

Das altkirchliche Glaubensbekenntnis formuliert, dass Jesus Christus „vor aller Zeit aus dem Vater geboren“ ist (ex patre natum); es übersteigt damit die Dimensionen von Väterlichkeit und Mütterlichkeit.

Die Anrede „Vater“ entsteht in uns, wenn wir uns von Jesus Christus als Schwestern und Brüder in seine Vaterbeziehung hineinnehmen und von Gottes Geist zu Gottes Kindern machen lassen.

4. Zeugnis und Dienst der Christinnen und Christen in Hamburg (1995)

– Mission als Herausforderung und Aufgabe –

Wo wir leben

Wir leben in einer Stadt, in der es viele christliche Kirchen und Gemeinden gibt. Die Zahl anderer Religionen und religiöser Gruppen wächst. Unsere Zeit ist entgegen früheren Vorhersagen nicht religionslos. Pluralismus ist ein Kennzeichen unserer Gesellschaft und auch der religiösen Landschaft.

Viele Menschen suchen nach Halt und Orientierung. Das Gefühl und das Wissen, in einer Zeit des Umbruchs zu leben, sind weit verbreitet. Viele sind unsicher, fühlen sich und die Welt bedroht. Visionen und mitreißende Ziele für ein gelingendes Leben und Zusammenleben fehlen. Die herkömmlichen Werte, die sozialen Integrationskräfte und die Bindungskräfte haben in ihrer Bedeutung abgenommen.

Die Menschen in der Stadt suchen persönliche Freiheit, entscheiden selbst über ihr Leben, bestimmen selbst, was für sie gut ist – auch, was sie glauben. Sie wählen die Wahrheit ihres Lebens selbst. Individualismus ist das Kennzeichen unserer Zeit. Das Streben des Selbst geht einher mit Vereinzelung, Überforderung und mit Ängsten. Der Sehnsucht nach Kontakten und einem Leben in Beziehungen entspricht auf der anderen Seite eine individuelle Erlösungssehnsucht. Die Zunahme von einfachen fundamentalistischen Lösungen auf der einen und von individueller Spiritualität auf der anderen steht dafür.

Wenn die Menschen etwas von der Kirche und den Christinnen und Christen erwarten, sind das Zuwendung und Nähe, Glaubwürdigkeit und überzeugendes Reden und Handeln: Zeugnis und Dienst. Gefragt ist die Kirche als Ort einer offenen und gemeinschaftlichen Suche nach Sinn, Wahrheit und dem, was das

Leben trägt. Für die herkömmliche Mission und für absolute Werte fehlt weiterhin das Verständnis.

Wer wir sind – was wir haben

Wir sind Christinnen und Christen in Hamburg. Wir sind ergriffen von dem Gott, „der will, dass alle Menschen gerettet werden und sie zur Erkenntnis der Wahrheit gelangen“ (1. Tim 2,4). Christus hat uns und die Welt mit sich versöhnt. Zugleich damit hat er uns den Dienst der Versöhnung aufgetragen (2. Kor 5,18).

Das verlangt von uns, dass wir sowohl mit Gott als auch mit der Welt in Verbindung bleiben. Gabe und Aufgabe sind untrennbar verbunden und eins wie Reden und Handeln, Zeugnis und Dienst. „Denn: Einer ist Gott. Einer auch Mittler zwischen Gott und den Menschen: der Mensch Jesus Christus, der sich als Lösegeld hingegeben hat für alle, ein Zeugnis zur vorbestimmten Zeit“ (1. Tim 2,5-6). Wir können nur geben, was wir haben; aber was wir haben, dürfen wir nicht für uns behalten.

Es bleibt unser wichtigster und dringender Auftrag, jeden Mitmenschen, unabhängig von Rasse und Geschlecht, religiösem Hintergrund und sozialem Status, mit der Botschaft Jesu zu erreichen. Wir geben Jesu Einladung weiter, sich ihm in einer freien und persönlichen Entscheidung und ohne menschliche Manipulation zuzuwenden. Das geschieht in Umkehr und im Glauben, um sich auf diese Weise mit Gott dem Vater versöhnen zu lassen und durch das Werk des Heiligen Geistes eine neue Schöpfung zu werden.

Mission wird zum Ort, wo wir die Liebe zu Fremden lernen und uns öffnen für die vielen Wege, auf denen Christus uns und seiner Schöpfung begegnet.

Die Botschaft von der Liebe Gottes zu allen Menschen bestimmt das Wesen und den Stil der Mission. Die Liebe Gottes wird erfahren in einer persönlichen, vom Heiligen Geist bewirkten Begegnung mit dem lebendigen Christus, im Empfang seiner Vergebung und der persönlichen Aufnahme seines Rufes zur Nachfolge und zu einem Leben im Dienst. Mission heute darf nicht beherrscht sein von Strategie oder Methode, darf aber auch nicht gehindert werden durch Verfehlungen und Defizite der Kirchengeschichte, z.B. durch die religiöse Legitimation bestehender Machtverhältnisse, den kulturellen Imperialismus, das territoriale Denken oder durch Monopolansprüche.

Was Mission ist

Mission in der Nachfolge Jesu Christi ist zugleich souveränes Wirken Gottes im und durch den Heiligen Geist (*missio dei*), die von Gott der Gemeinde und Kirche übertragene Verantwortung gemäß dem Missionsbefehl Jesu nach Matthäus 28,18-20 (*missio ecclesiae*) und die von Gott übertragene Verantwortung an den einzelnen Glaubenden als Zeuge Christi (*missio fidelis*). Mission vollzieht sich in Wort und Tat, „in der Kraft von Zeichen und Wundern, in der Kraft des Geistes Gottes“ (Röm 15,19).

So geben die Kirche und die Christinnen und Christen Zeugnis von dem dreifaltigen Gott. In der missionarischen Kirche und in unserer säkularisierten Welt hat der Heilige Geist eine herausragende Bedeutung. Sein Wirken zielt auf den Menschen in seiner Ganzheit, auf Leib, Seele und Geist. Mission gibt Antwort auf die Fragen der Menschen nach dem ewigen Heil und der Erlösung im gegenwärtigen Leben, auf die Frage nach dem Bösen und eigener Schuld. Sie bietet Gottes Angebot der Vergebung und Rettung an und hilft zur Bewältigung konkreter Lebensprobleme.

Nach Innen und im Miteinander der Kirche und der Christinnen und Christen in Hamburg kann es nur ein gemeinsames Zeugnis des Geistes in Wort und Tat geben.

Auf dem Weg zu mehr Gemeinsamkeit und zur Einheit im Glauben und Dienst

Gottes Geist will nicht nur Versöhnung, sondern auch Einheit wiederherstellen. Sein Werk ist es, Spaltungen zwischen Kirchen und Christinnen und Christen, aber auch Mauern und Grenzen zwischen Menschen zu überwinden. Er bewirkt, dass wir auf Monopol- und Machtansprüche sowie auf ungute Konkurrenz und Proselytenmacherei verzichten. Weil er als pfingstlicher Geist zerstörte Einheit wiederherstellt, hilft er unserer Schwachheit auf. Diese zeigt sich einerseits in billiger Toleranz und andererseits in unserer Unsicherheit, ob der Glaube anderer nicht wahrer und richtiger sei als der eigene. Mission kann sich nur in Fairness und Offenheit vollziehen. Sie akzeptiert, dass Menschen frei sind, das Recht auf den Wechsel eigener religiöser Zugehörigkeit haben und selbst ihre ganz persönlichen Glaubenserfahrungen machen. Wir wissen, dass der dreieinige Gott seine Gemeinde in den verschiedenen Kirchen und Gemeinschaften baut. Wir haben nicht unser jeweiliges Kirchentum, sondern den Auferstandenen zu verkündigen. Dennoch ist Mission immer auch Einladung in eine konkrete Gemeinde, ohne dass andere Gemeinden herabgesetzt werden. Dazu helfen auch neue und andere Organisationsformen wie Dienste und Werke der Kirche, die Menschen erreichen, welche durch Ortsgemeinden und herkömmlich organisierte Gemeinden nicht angesprochen werden.

Wir stellen dankbar fest, dass sich viel Gemeinsamkeit in Hamburg entwickelt hat. Die Zahl ökumenischer Gruppen auf Gemeinde- und Stadtteilebene ist angewachsen. In der Arbeitsgemeinschaft Christlicher Kirchen arbeiten und feiern die christlichen Kirchen und Gemeinden zusammen. Die Taufe wird weithin gegenseitig anerkannt, obwohl für viele taufgesinnte Gemeinden teilweise noch Gesprächsbedarf besteht. In der kirchlichen Sozialarbeit gibt es positive Ansätze eines gemeinsamen Dienstes (z.B. Sozialstationen, Wohnungslosen-, Suchtkrankenhilfe). Gleiches gilt für die Öffentlichkeits- und Medienarbeit. Dennoch gibt es Spannungen. Die eigenen Dienste und Werke werden zur Legitimation der eigenen Kirche genutzt. Die Ausrichtung an den und die Konzentration auf die Menschen, die hungrig, durstig, fremd, obdachlos, krank, einsam und im Gefängnis sind (Mt 25,35 ff), müssen das gemeinsame Interesse bestimmen. Gegensätzliche Überzeugungen und Traditionen dürfen nicht bewirken, dass wir als Kirche und Christinnen und Christen kein gemeinsames Zeugnis geben im Dienst an den Menschen. Wir werden sonst unglaubwürdig, verraten die Einheit des Leibes Christi und werden für die Menschen dieser Stadt ein Hindernis auf dem Weg zum Leben und zum Glauben.

Zur Zeit gibt es mindestens drei Ebenen der Ökumene in Hamburg, die sich zum Teil überschneiden und verschiedene Frömmigkeitsprägungen und Ausdrucksformen haben: die Arbeitsgemeinschaft Christlicher Kirchen in Hamburg (ACKH) mit überwiegend Vertretern aus den historischen Kirchen; die Evangelische Allianz in Hamburg (EAH) mit überwiegend Christinnen und Christen aus evangelikalen Freikirchen; den Kreis für die Einheit des Leibes Christi in Hamburg (KELCH) mit überwiegend Pastoren, Leitern und Christen aus charismatischen Kirchen, Gemeinden, Initiativen und Werken. Noch leben sie mehr nebeneinander als miteinander, haben Vorurteile oder grenzen sich ab. Der Heilige Geist eint und befreit zu mehr Offenheit, Verstehen und Gemeinsamkeit. Darum ist es die Aufgabe aller, sich an der Versöhnung Gottes mit der Welt und der Einheit im Glauben und Handeln zu orientieren. Die Spannungen müssen geschwisterlich und produktiv gestaltet werden um des einen Zeugnisses willen.

Begegnung mit Menschen anderer Religionen

Die Frage der Begegnung mit Menschen anderer Religionen (Juden, Muslimen, Hindus, Buddhisten ...) ist eng mit der Frage verbunden: „Was heißt Christsein in einer multikulturellen und multireligiösen Gesellschaft?“ Es kann uns Christinnen und Christen nicht gleichgültig sein, in welcher Gesellschaftsform wir leben und auf welche Art und Weise kulturelle Werte gefördert werden. Tatsache ist, dass unseren Kirchen eine Einstellung und ein Verhalten gegenüber fremden Lebens- und Glaubensweisen abgenötigt werden, die nicht mehr vom Gefühl der Überlegenheit und dem Drang zum Machtstreit geprägt sein dürfen.

Von besonderer Bedeutung ist das Verhältnis der Christinnen und Christen zu den Juden. Beide haben gemeinsame Wurzeln des Glaubens im Bund Gottes mit dem Volk Israel. Das ist für Christinnen und Christen eine historische und theologische Herausforderung, der sie gerecht werden müssen. Sie wird verstärkt durch das Leiden der Juden, das die Shoa über sie gebracht hat.

Im Blick auf den hohen Anteil muslimischer Mitbürger in Hamburg und ein gutes Zusammenleben mit ihnen sind die Christinnen und Christen dieser Stadt vor die Aufgabe gestellt, mit ihnen in einen konstruktiven Dialog einzutreten.

Wenn wir uns auf die Alltagsbegegnung mit Menschen anderen Glaubens einlassen wollen, muss unser Glaube an Jesus Christus dialog- und beziehungsfähig sein. Mission darf nicht Synonym von Bedrohung werden. Christinnen und Christen können von ihrem Glauben nur reden, wenn sie den Glauben anderer respektieren. Sie können in den Dialog mit Andersgläubigen nur sinnvoll eintreten, wenn sie nicht nur etwas mitteilen, sondern auch etwas entgegennehmen wollen. Zum fruchtbaren Dialog gehört auf der einen Seite ein deutliches Wissen um die Identität des eigenen Glaubens, auf der anderen Seite aber ein Gefühl für die eigene Unvollständigkeit und ein wirkliches Bedürfnis nach Gemeinschaft mit den anderen, in der wechselseitiges Teilnehmen, Austausch und gegenseitige Befruchtung möglich werden. In jeder einzelnen Beziehung muss die Dialogebene erst gefunden werden und darf nicht als selbstverständlich vorausgesetzt werden. Indem sie Liebe geben und Interesse zeigen, werden sich Christinnen und Christen in dem risikoreichen Spannungsfeld von Offenheit und Synkretismus, Toleranz und Relativismus bewegen.

5. Das Volk Israel und die Mission der christlichen Kirchen (1999)

Der Anlass

Es gab mehrere Anlässe für die Arbeitsgemeinschaft Christlicher Kirchen (ACK) in Hamburg, das Thema der Judenmission aufzugreifen. Einige wollen wir benennen:

Zunächst wandte sich die „Gesellschaft für christlich-jüdische Zusammenarbeit in Hamburg e.V." mit der dringenden Bitte an die Kirchen in Hamburg, der Mission unter Juden eine entschiedene Absage zu erteilen. Diese Bitte war ein sorgenvoller Ruf. Die jüdische Gemeinde in Schleswig-Holstein berichtete von christlicher Mission unter den Juden, die aus der ehemaligen Sowjetunion in die Bundesrepublik Deutschland kamen. Die brennende Synagoge zu Lübeck ließ uns den latenten Antisemitismus deutlich spüren. Das alles erinnert uns mahnend an die besondere Geschichte der Deutschen mit Israel und den Juden.

Die Arbeit der Theologischen Kommission der ACKH an der Studie „Gemeinsam den einen Glauben bekennen" und an dem gemeinsamen Verständnis von Mission bewegte uns, die Frage Christen und Juden neu aufzugreifen – zumal gerade die Erklärung der rheinischen Kirchenleitung von 1997 zu dem Thema „Israel und die christliche Mission" erschienen war.

Die Begegnung mit Juden, die sich zu dem Messias der Juden bekennen, rief nach unserer Solidarität mit Schwestern und Brüdern im Glauben und öffnete uns den Blick für ihre Nöte wie auch für ihre Fragen an die Kirche.

Fragen, die sich uns stellen

Es stellen sich uns einige Fragen, auf die wir eine Antwort suchen: Wie verstehen wir das Verhältnis des „Neuen Bundes" durch Jesus Christus zu dem „Alten Bund" mit dem Volk Israel?

Welche Bedeutung und Wirksamkeit hat der „Alte Bund“ nach Pfingsten? Gibt es für Juden einen Weg zum Heil an der Offenbarung Gottes in Jesus Christus vorbei? Welches Verständnis herrscht unter uns zum Thema „Judenmission“, und wie stehen wir zu dem Auftrag, aller Welt gegenüber von Christus Zeugnis abzulegen? Wie stehen wir zu Juden, die sich zu Jesus als dem Messias bekennen?

Wie wir gemeinsam das Thema Juden und Christen sehen

Die Beziehung von Christen und Juden – in bewusster Auseinandersetzung mit unserer schuldbeladenen Vergangenheit – braucht die Besinnung auf die gemeinsame Grundlage, die im Laufe der Kirchengeschichte verloren gegangen ist. Wir wissen, dass Christen und auch die theologische Tradition mit ihrer Bibelauslegung, ihrer systematischen Entfaltung und ihren liturgischen Formulierungen zu antijüdischen und antisemitischen Vorstellungen und Äußerungen beitrugen. Kirchen wurden durch Verfolgung, Tötung und Verurteilung der Juden schuldig. Unsere deutsche Vergangenheit verlangt besondere Sensibilität bei einer erneuten Lektüre der hebräischen und griechischen Bibel, um uns von falschen Positionen zu trennen oder bewusst an bisherigen Positionen festzuhalten. Hilfreich erscheint uns dabei der Blick auf die Verheißung des kommenden Reiches Gottes.

Im Glauben an Jesus Christus, der selber Jude war, sehen wir uns an die Seite derer gestellt, die Gott zuerst erwählt hat: Der Gott Israels rief sein Volk dazu auf, Licht der Welt zu sein. Der Vater Jesu Christi sendet uns zu den Völkern, zu verkünden, dass sein Reich nahe herbeigekommen ist.

Juden und Christen blicken, wenn auch von einem unterschiedlichen Ort her, auf die Verheißung des kommenden Reiches. Wenn wir als Christinnen und Christen bekennen, dass Christus „kommen wird zu richten die Lebenden und die Toten“, warten wir auf die Erlösung der Schöpfung und hoffen auf den Beginn des messianischen Friedensreiches. So bestehen zwischen Christen und Juden ganz besonders enge Beziehungen, die sich grundsätzlich von den Beziehungen zu anderen Religionen unterscheiden.

Wir meinen, dass sich an der Beziehung zum Judentum auch der Dialog zwischen christlichen Kirchen klärt, da unser Glaube seine Wurzel in der Geschichte Gottes hat, die wir mit den Juden teilen.

Wir Christinnen und Christen sind uns darin einig:

- Von einer Judenmission, die Jüdinnen und Juden aus ihrem historisch-religiösen Kontext herausreißen und unter Verleugnung des Bundes Gottes in christlichen Kirchen konfessionalisieren will, nehmen wir Abschied. Wir haben Verständnis für den Widerspruch der jüdischen Gemeinden gegen den Begriff „Judenmission" – ein Begriff, unter dem Sünden und Verbrechen an dem jüdischen Volk begangen wurden.

- Wir sind uns einig im Bekenntnis zu Jesus Christus, das zu verleugnen oder einem Volke vorzuenthalten Verrat an dem Heils- und Erlösungswerk Christi wäre. Wir möchten unserem Auftrag treu bleiben, Jesus Christus als den Retter und Erlöser allen Menschen zu verkünden und zu bezeugen.

- Wir erleben, dass – wie in neutestamentlicher Zeit – auch in der Gegenwart Juden Jesus als ihren Messias erkennen und bekennen. Ihre jüdische Identität zweifeln sie deshalb aber nicht an. Wir wollen auf die Fragen achten, die sie allen stellen, die in wichtigen Glaubensinhalten durch heidenchristliche Traditionen geprägt sind.

- Wir bitten die Mitglieder der jüdischen Gemeinden, dafür Verständnis aufzubringen, dass wir nach unserer christlichen Glaubensüberzeugung Jesus Christus als Heil und als den Messias auch ihnen gegenüber nicht verschweigen, sondern bekennen.

• Wir glauben an den universalen Heilswillen Gottes, der sich schon im Bundesschluss mit Noach als Menschheitsbund erweist. Er erfährt seine konkrete Ausgestaltung im Bundesschluss mit Abraham und am Sinai mit dem Volk Israel. Dieser Bund ist nicht zu Ende. Nach unserer christlichen Überzeugung kam aus diesem Gottesvolk der Messias Jesus, der den Bund Gottes als Ewigen Bund bestätigte und als Messias Israels alle Menschen zu seinen Schwestern und Brüdern, zu Mitbürgern seines Volkes beruft.

Worauf wir keine gemeinsame Antwort geben können

Wir sehen, dass Juden und Christen in Fragen der Offenbarung, der Eschatologie und zu Teilen im Gottesbild übereinstimmen; und doch gibt es Differenzen, wenn wir über die Teilhabe an Heil und Erlösung sprechen: Ist das Christusbekenntnis für die Juden zum Erlangen des Heils notwendig? Oder schließt der Abraham- und der Sinai-Bund das Heil für das Volk Israel mit ein?

Offen bleibt auch die Frage, ob konfessionelle Verschiedenheiten und Gegensätze innerhalb der Ökumene zu einem wichtigen Teil im unterschiedlichen Verhältnis zum Judentum begründet sind.

Worauf wir miteinander achten

In der Bekämpfung von Antijudaismus und Antisemitismus sehen wir als Christen eine Herausforderung und unsere Verantwortung. Darum wollen wir z.B. sorgfältig die Sprache der liturgischen Formeln und Gebete prüfen, ob sie heutigen exegetischen und systematischen Einsichten entspricht und Juden in ihrem religiösen Selbstverständnis nicht verletzt. Im Gespräch mit Juden wollen wir die uns gemeinsame Hoffnung auf die Erlösung stärken und uns verbinden im Einsatz für Frieden und Gerechtigkeit.

6. ... gekreuzigt unter Pontius Pilatus (2003)

Erfahrungen und Fragen zu Kreuz und Leid heute:

Kreuze allerorten: auf und in Kirchen, von Hälsen und Ohrläppchen baumelnd, in der Kunst wie im Trash.

Ist das christliche Symbol so verwässert, dass es bedeutungslos geworden ist? Dass ein Juwelier beim Vorführen der Schmuckkreuze die Kundin fragt: „Möchten Sie ein Kreuz mit kleinem Männchen oder ohne?“ –

„Für ihn tue ich alles“, sagt Frau Jensen. Sie sprach über ihren Vater, den sie bei sich zu Hause gepflegt hat. Später, nach seinem Tod, sagten ihre Nachbarn: „Sie hat sich für ihn aufgeopfert.“ –

Dieser Dialog zeigt, dass bestimmte kirchliche Traditionen aus der „Kreuzestheologie“ einen festen Ort in der Alltagssprache gewonnen haben. Aber sie sind verändert worden. Nicht mehr Jesus gibt sich für uns hin, opfert sich für uns, wird ein Trost in schweren Stunden. Menschen treten füreinander ein.

Zwei Tendenzen beobachten wir: die große Hilfsbereitschaft, aber auch das Unbehagen, Hilfe anzunehmen und von anderen abhängig zu werden. In den letzten Jahrzehnten hat sich zudem das Verhältnis zu Leiden und zu dem „Kreuz“ gewandelt. Einige Aspekte seien genannt:

- Das „Kreuz“ wird als schrecklich und grausam empfunden. Eltern wollen die Seelen ihrer Kinder davor schützen.

- Das private Erleben von Angst und Leid wird oft verschwiegen und verdrängt.

- Manche fragen: „Was ist das für ein Gott, der Blut sehen will?“

- Ist die christliche Kreuzesverehrung nicht ein ins Mittelalter gehörender Anachronismus, der mit aufgeklärtem Empfinden und mit Emanzipation nicht übereinstimmt?

- Mehr als früher wird professionelle Hilfe bei Katastrophen und in Lebenskrisen angeboten: Beratung, psychologische Betreuung, Selbsthilfegruppen, Nachsorge bei Krankheit, Hilfe bei Sucht, Sterbehilfe.

Katastrophen, Kriege, individuelle Schicksalsschläge, Krankheit, Stress im Alltag und Scheitern von Beziehungen – das sind die Felder, in denen uns Leid und „Kreuz“ begegnen.

Die eigene Arbeit der Seele, die sozialen Kämpfe, Hunger und Unrecht werden selten mit dem „Kreuz Christi“ in Verbindung gebracht. Ebenso wird selten angesprochen, dass unsere Welt mit ihrer Alltäglichkeit und ihren Belastungen offen ist für eine transzendente und jenseitige Welt, die eine Auswirkung auf unser Leben hat.

Dass sich der Alltag verwandelt, aus Schmerz Freude, aus Leid und Kummer auch bereichernde Erfahrungen wachsen können, bleibt oft ungesagt – wird aber umso mehr erhofft. Dass versäumte Gelegenheiten, ein nicht gesagtes Wort, unterlassene Hilfe und Schuld vergeben und verwandelt werden können, ist für die Verarbeitung von individuellem Leid wichtig. Uns scheint, dass das Leid vertieft wird, wo die Sprache fehlt, die zur Deutung und zum Verstehen beiträgt.

Wir brauchen erneut eine Sprache, in der wir Leid deuten, die uns hilft, zu unterscheiden zwischen dem, was wir ändern können und müssen, und dem, was wir nur ertragen und hinnehmen können. Wir brauchen Möglichkeiten zu klagen, anzuklagen, auch zu danken, wenn wir vor Unglück bewahrt werden.

Die Theologische Kommission der Arbeitsgemeinschaft Christlicher Kirchen in Hamburg (ACKH) hat sich diesen Fragen gestellt. Weil das Kreuz den Kern jeder christlichen Kirche, Denomination und Gemeinschaft berührt, wurde dieses Thema in großer

Breite, großem Konsens, aber auch mit großen Differenzen in den letzten zwei Jahren diskutiert. Niemand konnte zu Beginn dieser Diskussion ahnen, dass die weltpolitische Situation jetzt eine andere ist als bei Aufnahme der Gespräche. Es tun sich vor unseren Augen lange überwunden geglaubte oder vergessene Abgründe der Unmenschlichkeit auf; Begriffe wie Gerechtigkeit, Sühne, Rache, Zorn, Wiedergutmachung, Heldentum und Opfer („Die Helden von New York"; „Flutopfer") haben wieder neue Bedeutung gewonnen.

Was wir meinen, wenn wir „Kreuz" sagen

Wenn wir als Christinnen und Christen vom Kreuz reden, meinen wir nicht in erster Linie ein Schmuckstück oder einen hölzernen Gegenstand christlicher Kunst, sondern bekennen: „Jesus Christus wurde für uns gekreuzigt unter Pontius Pilatus, hat gelitten und ist begraben worden, ist am dritten Tage auferstanden nach der Schrift ..." (Glaubensbekenntnis von Nizäa-Konstantinopel, 381 n. Chr.). Wir sehen das Bild von Jesus, der sich mit seinen Begleiterinnen und Begleitern auf dem Weg nach Jerusalem befand, und wir wissen, dass die Verurteilung zum Tod am Kreuz die Konsequenz seiner Predigt und seiner Taten war. Er fühlte mit dem Leid seiner Mitmenschen und blieb nicht passiv. Er trat für sie ein, heilte Kranke, befreite von Schuld, tröstete und lebte in Übereinstimmung mit dem Vater. Das war der Beginn dessen, was er als „Reich Gottes" verkündete, in dem das Leben von Liebe und Freiheit bestimmt wird. Mit dieser leidenschaftlichen Hingabe an das Reich Gottes machte er sich aber auch Feinde, traf auf Widerstand.

Aber der Tod am Kreuz war nicht das Ende Jesu Christi. Mit den Worten von Petrus sagen wir: „Gott hat Jesus von Nazareth auferweckt und aufgelöst die Schmerzen des Todes" (Apg 2, 22.24). Daher ist das Kreuz nicht nur Zeichen des Todes, sondern auch des Lebens. Am Kreuz erkennen wir, dass Gott in die Schwachheit geht und in die versöhnende Freiheit geführt hat. Es ist Gottes Absicht, die „ganze Schöpfung" (Paulus) aus dem

Leid heraus in die Freude zu führen, und er selbst geht diesen Weg mit und ist uns vorausgegangen. Weil Jesus von Gott zum Leben auferweckt wurde, ist die Trauer in Freude, das Leid in Glück und der Hass in Liebe gewandelt worden.

Wir gebrauchen für diese Botschaft oft traditionelle Sprache und Symbole aus der jüdisch-christlichen Überlieferung: Versöhnung mit Gott; Sündenvergebung; für uns gestorben/geopfert; an unserer Stelle gelitten und getötet. Wir stellen fest, dass diese Sprache heute vielfach nicht mehr verstanden wird oder zu Missverständnissen führt. Wenn wir sagen, dass Jesus Christus am Kreuz für uns gestorben ist, dann nicht, weil uns daran liegt, einen zornigen Gott durch eine Opfergabe zu besänftigen, sondern weil wir im Kreuz die Wahrheit über uns selber und über Gott entdecken.

Was das Kreuz über uns Menschen sagt

Wir Menschen sind Teil der guten Schöpfung Gottes (Gen 1,26). Dennoch tun sich in uns gewaltige Abgründe auf. Das erleben wir schmerzlich bei uns selber, aber auch in größerem Rahmen. Ein Blick in die Geschichte und Gegenwart reicht, um uns daran zu erinnern, dass Verbrechen, Gewalt, Völkermord, Unterdrückung und Hass ganze Nationen bestimmen können. Vielleicht noch schockierender ist die Erfahrung, dass diese Abgründe in der eigenen Seele vorhanden sind, dass wir nicht sicher vor uns selber sein können. Jesus wusste um diese dunkle Seite des Menschen und klammerte sie nicht aus, sondern begegnete ihr. Auch das führte ihn ans Kreuz. Darum konfrontiert uns sein Kreuz immer wieder mit dem Bösen, in uns und um uns. Es ist die ganze Schöpfung, die darunter leidet und Erlösung braucht (Röm 8,19.22). Erlösung aber, die Überwindung der Abgründe – so unsere gemeinsame Überzeugung –, wird nicht durch kollektive Anstrengung, moralische Appelle oder politische Parolen erreicht. Wir können nur unsere Hilflosigkeit vor Gott bringen. Der Glaube, der sich am Kreuz festmacht, führt nicht zu einer morbiden Blutverehrung und Verherrlichung des Leidens, sondern zum Lobpreis des lebensbejahenden Gottes, der uns aus dem Leiden herausgeführt hat und führen wird. Dabei glauben wir an die Hilfe Gottes im jetzigen Leiden, aber hoffen gleichzeitig auf die neue Welt, in der das am Kreuz Vollzogene volle Gültigkeit haben wird.

Das Kreuz Jesu zwingt uns, den Blick nicht abzuwenden und nicht zu schweigen, wenn wir Menschen sehen, die Unrecht leiden, verurteilt, gequält und gefoltert werden. Es ist ein ernster Protest gegen die Unmenschlichkeit. Und obwohl es uns den Blick öffnet für die Opfer, macht es uns doch frei von dem Irrtum, dass wir alle nur Opfer seien, Opfer der Gesellschaft oder der sozialen Prägung. Wie selber sind verantwortlich für unser Handeln gegenüber Gott und den Menschen. In der Sprache der Bibel ist die Verleugnung, Ablehnung, Nicht-Wahrnehmung der Verantwortung „Sünde".

Weil Jesus Christus uns Menschen mit allen unseren Seiten kennt, weil er selber Mensch war und diese Abgründe erlebte und erlitt und daran starb, aber besonders weil er nicht im Tod blieb, sondern Gott ihm neues Leben schenkte, leben wir mit einer neuen Perspektive in dieser Welt. Traditionell heißt dies: Gott schenkt uns Vergebung und versöhnt die Welt mit sich (2. Kor 5, 19).

Was das Kreuz über Gott sagt

Wie das Kreuz Jesu Wesentliches über uns Menschen sagt, das Böse in uns, unsere Heillosigkeit uns vor Augen stellt, so sagt es zugleich Erhellendes über Gott: indem es uns sein Heil, seine Liebe zu uns verlorenen Menschen zeigt.

Gott ließ Jesus nicht im Tod. Er hat ihn auferweckt. Die Botschaft vom Kreuz sagt uns, dass Gott uns nicht aus der Ferne interessiert oder teilnahmslos beobachtet, sondern sich mit uns und unserer Situation identifiziert. In Jesu Menschwerdung, in seinem Leben und Wirken, mit seinem Sterben am Kreuz hat Gott selbst sich an den Ort menschlicher Heillosigkeit begeben.

In dem gekreuzigten Jesus handelt Gott – in vollkommener Einheit mit ihm – an uns allen und für uns alle zu unserem Heil. So tritt er selbst an unsere Stelle und nimmt unsere Last auf sich. Indem Gott seinen Sohn für uns dahingibt, schenkt er sich selbst und offenbart sein Wesen als Liebe (Röm 8, 32).

In Jesus und mit seinem Kreuz ist Gott in die Tiefe menschlicher Verlorenheit, Sünde und Schuld hineingegangen. Gott selbst ist im Leiden und verwandelt es durch die Auferweckung Jesu von den Toten. Die Botschaft vom Kreuz und von der Auferstehung erschließt uns ein neues Verständnis der Wirklichkeit menschlichen Lebens. Sie öffnet uns den Blick für die Kraft Gottes in der Schwachheit, für die Weisheit Gottes im menschlich Unbegreiflichen und für die Ewigkeit Gottes in unserer begrenzten Zeit. Gott lässt uns nicht allein angesichts von Tod und Leid. Er geht mit uns durch Kreuz und Leiden zur Herrlichkeit der Auferstehung.

Auch wenn wir uns Begriffe und Vorstellungen der kirchlichen Tradition verständlich machen, so bleibt dennoch das Kreuz Jesu anstößig, den „Weisen eine Torheit“ (1. Kor 1,18). Darum wissen wir, dass wir persönlich dafür einstehen können und müssen, um weiterzusagen, was wir selbst von dem Kreuz Jesu, seinem Leiden und dem Wunder seiner Auferstehung verstanden und erfahren haben: eine Kraft Gottes zum Leben.

7. Wir glauben an die Auferstehung der Toten (2006)

Tod und Leben: viele Fragen, viele Antworten

Herbst 1989: Auf einem Acker der damaligen innerdeutschen Grenze pflügt ein Bauer sein Feld. Die Grenze des Ackers ist auch die Grenze zwischen den beiden deutschen Staaten. Er ist hier groß geworden. Was er von dem Dorf auf der anderen Seite des Zaunes kennt, ist die erste Häuserzeile, mehr nicht. Er würde gerne wissen, ob es einen Marktplatz dahinter gibt, wie das Dorf jenseits der ersten Häuserreihe aussieht, was auf den Feldern hinter dem Grenzdorf angebaut wird. Es hätte ihm damals egal sein können, aber die Neugier ist trotzdem da. Er lebt an der Grenze.

In unserem Leben stoßen wir an viele Grenzen. Mit ihnen müssen wir uns auseinandersetzen. Der Tod aber ist die letzte und endgültige Grenze unseres Lebens. Wir wollen wissen, was nach dem Sterben mit uns oder den Menschen, die wir lieben, geschieht. Das ist ganz natürlich.

Es gibt heute eine Vielfalt von Vorstellungen darüber, was nach dem Tod geschieht:
Die Toten leben in uns und in unserer Erinnerung weiter.
Sie schlafen nur: Ihre Seelen haben sich von ihrem Körper getrennt. Sie sind unsterblich.
Wir werden wiedergeboren in ein zweites und anderes Leben.
Als Lebende nehmen wir Kontakt auf mit dem Geist der Toten.
Die Toten haben Macht über uns.
Mit dem Tod ist alles aus.
Über das, was nach dem Tod kommt, kann man nichts sagen, denn es ist noch niemand zurückgekommen.

Eine Hoffnung, die eint

Wir Christinnen und Christen glauben an die Auferstehung der Toten. Was meinen wir damit? Keine philosophische Erörterung, keine Transzendenzlehre, keine Spekulation, sondern schlicht eine Geschichte, die immer und immer wieder (besonders zu Ostern) erzählt wird. Es ist die Geschichte von Jesus Christus: wie er predigend und heilend den Menschen zur Seite tritt. Wie er unschuldig angeklagt und hingerichtet wird. Und schließlich, wie die Grenze des Lebens – der Tod – für ihn nicht endgültig ist. Denn er wird von Gott auferweckt, steht auf aus dem Grab und zeigt sich seinen Freunden und Jüngern, geht mit ihnen, redet mit ihnen, isst mit ihnen und erklärt ihnen die Schrift (Lk 24). Er überzeugt sie davon, dass sein Weg durch Passion und Kreuzestod in Übereinstimmung mit Gott geschah, dass Gott ihm neues Leben in einer neuen Existenzweise geschenkt hat und dass Gott ihn zu sich gezogen hat.

Die Entstehung und Ausbreitung der christlichen Kirche beruht auf nichts anderem als auf dem Weitererzählen und Nachdenken dieser Geschichte. Die Schreiber der Evangelien erinnern sich an die Worte Jesu. Sie betonen, dass das, was für ihn gilt, auch für seine Nachfolgerinnen und Nachfolger gilt. Paulus ist der Auferstandene erschienen. Er widmet dem Nachdenken über die Auferstehung der Toten ein ganzes Kapitel (1. Kor 15). Er führt darin aus, dass die Leugnung der Auferstehung den Glauben an Jesus Christus und damit die Existenz der Gemeinde überflüssig machen würde. Er hält daran fest: Christus ist wahrhaftig auferstanden. Die Christliche Kirche gießt diese zentrale Überzeugung im Glaubensbekenntnis von Nizäa-Konstantinopel (381 n. Chr.) in die markanten Schlussworte:

„Wir erwarten die Auferstehung der Toten und das Leben der kommenden Welt.“ Danach kommt nur noch das Wörtchen „Amen“! Darauf wird beharrt! Wir glauben wirklich: Jesus Christus ist von Gott auferweckt worden. Historische, naturwissenschaftliche oder psychologische Beweise dafür gibt es nicht. Die Diskussion um das leere Grab, ob es leer war oder voll, tragen nichts aus. Auferstehung erschließt sich denen, die dem Zeugnis der Apostel glauben.

Der Glaube an die Auferstehung der Toten ist eine Hoffnung, die uns christliche Kirchen in Hamburg in allen Kontroversen über das *Wie*, das *Wann* und das *Wo* dieses Geschehens zum gemeinsamen Bekennen bewegt. Zuversichtlich erwarten wir den Auferstandenen, der zugesagt hat, wieder zu kommen, um den ewigen Frieden zu bringen.

Eine begründete Hoffnung –
das Zeugnis des Neuen Testaments

Der christliche Glaube an die Auferstehung der Toten und das ewige Leben hat seinen festen Grund in Jesus Christus, dem Gekreuzigten und Auferstandenen. Im Johannes-Evangelium sagt Jesus: „Ich bin die Auferstehung und das Leben. Wer an mich glaubt, der wird leben, auch wenn er stirbt; und wer lebt und glaubt an mich, der wird nimmermehr sterben“ (Joh 11, 25.26).

Wenn wir uns auf die versprochene Zukunft richten, wird unser Glaube zur Hoffnung. Der Apostel Paulus schreibt: „Wir sind zwar gerettet, doch auf Hoffnung. Die Hoffnung aber, die man sieht, ist nicht Hoffnung; denn wie kann man auf das hoffen, was man sieht?“ (Röm 8,24). Wir hoffen also auf Unsichtbares. Trotzdem kann die Hoffnung, um sich auszudrücken, nicht ganz auf Bilder verzichten.

Das Neue Testament beschreibt die Hoffnung auf die Auferstehung und das ewige Leben in unterschiedlichen Bildern: als die Auferweckung oder Verwandlung unserer Leiber (1. Kor 15,35-49 und 50-57; Phil 3,21), als Tischgemeinschaft mit dem auferstandenen Christus (Lk 22,29.30; Offb 19,9), als anbetenden Lobgesang vor Gottes Thron (Offb 7,9-12; 15,1-4) und als Gottesschau (Mt 5,8; 1. Joh 3,2; Offb 22,4).

In jedem dieser Bilder drückt sich die Hoffnung aus. Auch wenn wir ganz in und von dieser Hoffnung leben, wissen wir dennoch nicht, wie es sein wird, wenn das Erhoffte gekommen ist. Die biblischen Hoffnungsbilder sind keine vorweggenommenen Reportagen aus der Ewigkeit. Denn Ewigkeit ist nicht messbare Zeit. Sie ist ohne Anfang und Ende wie Gott selbst.

Die biblischen Bilder lassen sich auch nicht zu einem Gesamtbild zusammenfügen, etwa zur Beschreibung eines Zustandes, in dem wir uns dann befinden werden. Vielmehr sind sie der notwendige Vorausblick aus dem Glauben heraus, der jetzt schon des Heils gewiss ist, das in Christus verborgen ist, und der darauf hofft, dass dieses Heil offenbart und vollendet wird. Wann das sein wird, entzieht sich unseren Berechnungen und Denkmöglichkeiten.

Sind wir schon jetzt „gerettet, doch auf Hoffnung"(Röm 8,28), so bedeutet das ewige Leben nichts anderes, als dass wir heute in der Welt, aber nicht von der Welt leben, dass Gott uns hier und jetzt in seiner Hand hält, und dass er, wenn wir sterben, uns in seine andere Hand nimmt. Das ewige Leben ist unsere vollendete Gemeinschaft mit Gott in Christus. Die biblischen Bilder von der Ewigkeit sagen im Grunde nichts anderes und nicht mehr als dies: „Wir werden bei dem Herrn sein allezeit" (1. Thess 4,17).

Die Hoffnung auf die Auferstehung muss gefeiert und weitererzählt werden

Den Auferstehungsglauben bekennen wir in großer ökumenischer Übereinstimmung in unseren Osterliedern:
„Christ ist erstanden ... des solln wir alle froh sein!"
„Weil du vom Tod erstanden bist, / werd' ich im Grab nicht bleiben; mein höchster Trost dein Auffahrt ist, / Todsfurcht kann sie vertreiben. Denn wo du bist, da komm ich hin, / dass ich stets bei dir leb und bin. / Drum fahr ich hin mit Freuden."

So stärken wir uns als Lebende in der Zuversicht des Glaubens: „Christus, der ist mein Leben, Sterben ist mein Gewinn. Ihm will ich mich ergeben, mit Fried fahr ich dahin."

In dieser Auferstehungshoffnung dürfen wir der Verstorbenen in unseren Gebeten gedenken, wie es seit den frühen Zeiten der Christenheit Brauch war: So wie Jesus Christus in seinem irdischen Leben Tote erweckt hat, möge er auch unseren Verstorbenen das ewige Leben schenken. Wer durch die Taufe in die Kirche aufgenommen wurde, soll in der Gemeinschaft der Heiligen vollendet werden. Wer das Abendmahl feiert, feiert es in der Gemeinschaft der Lebenden und Vollendeten. Wer durch das Abendmahl des Herrn genährt wird, erhält Anteil am Festmahl des Himmels.

Gottesdienste anlässlich einer Beerdigung sind die eindrücklichste Form der Tauferinnerung. Der Tod ist für den Christen nicht das Ende, sondern die Vollendung dessen, was Gott in der Taufe begonnen hat. Dem Verstorbenen wird zugesagt: „Im Wasser und im Heiligen Geist wurdest du getauft. Der Herr vollende an dir, was er in der Taufe begonnen hat."

Wir verscharren unsere Toten nicht. Wir feiern Gottesdienste an Särgen und Gräbern und auf Friedhöfen, die mit ihren Grabsteinen und Symbolen von der Hoffnung auf die Auferstehung und auf das ewige Leben zeugen. Texte, Gebete, Lieder und Bräuche machen deutlich: Das Leben steht unter dem Gesetz des Verfalls und der Vergänglichkeit. Wir vergehen und verwesen. Alles Leben ist begrenzt und endlich. Der Tod ist das Ende dieses Lebens. Wenn wir Erde auf den Sarg werfen, wird das sinnenfällig. Aber zugleich bezeugen wir: „Von Erde bist du genommen und zur Erde kehrst du zurück. Der Herr aber wird dich auferwecken."

Wenn Gott uns heimführt aus unserem Leben, wenn er uns heimbringt aus dem Dunkel ins Licht, dann wird es ein Fest sein wie ein Tag ohne Abend. Wenn er uns heimführt aus schlaflosen Nächten, aus tödlichem Schweigen und verzweifelten Träumen, aus verlorenen Stunden, aus zerbrochener Treue und zerstörter Liebe, aus der Jagd nach dem Glück, aus der Angst vor dem Tod, aus Weinen und Sterben, werden wir das Lied von der Schöpfung, das Lied vom Leben singen und dem dreieinigen Gott danken, dass wir mit allen Gläubigen im Leben wie im Tod bei ihm geborgen sind.

Die orthodoxen Kirchen singen immer neu den Osterjubel:
„Christ ist erstanden von den Toten.
Durch seinen Tod hat er den Tod besiegt
und denen in den Gräbern das Leben geschenkt."

Weil Christus den Tod überwunden und der Welt das Leben gegeben hat, dürfen wir beten:
„Herr Jesus Christus,
du bist die Auferstehung,
das Leben und die Ruhe
deiner entschlafenen Diener und Dienerinnen.
Und dir senden wir den Lobpreis empor, zusammen
mit deinem ewigen Vater und dem Leben spendenden Geist,
jetzt und immerdar und in Ewigkeit. Amen."

Die Hoffnung auf die Auferstehung bekennen und leben

Wir bekennen:
„Keiner lebt sich selber, und keiner stirbt sich selber. Leben wir, so leben wir dem Herrn;
sterben wir, so sterben wir dem Herrn.
Darum: Wir leben oder sterben, so sind wir des Herrn.
Denn dazu ist Christus gestorben und wieder lebendig geworden, dass er über Tote und Lebende Herr sei" (Röm 14,7-9).

Wir wissen, dass wir persönlich dafür einstehen können und müssen, das weiterzusagen und zu leben, was wir selbst vom Leben Jesu, seinem Sterben und seiner Auferweckung verstanden und erfahren haben.

In der Kraft seiner Auferstehung sagen wir:
Der biologische Tod ist nicht mehr die Grenze unseres Lebens. Mein Leben findet seine Grenze in Gott, nicht in irgendeinem Verfallsdatum meiner Zellen. Wir freuen uns auf ein Leben danach in der Gegenwart Gottes.

Der Tod von geliebten Menschen wird zu einem vorübergehenden Abschied, denn wir glauben an ein Wiedersehen und wissen unsere Toten in Gott geborgen. Der Glaube, der uns verbindet, ist stärker als der Tod.

Die Kraft der Auferstehung erfahren wir in den „kleinen Toden“ von Krankheit und Leid, die uns jetzt schon an manche unerträgliche Grenze bringen. „Gott wird abwischen alle Tränen, und der Tod wird nicht mehr sein, noch Leid noch Geschrei noch Schmerz wird mehr sein“ (Offb 21,4).

Der Auferstandene selbst, Jesus Christus, ist uns Freund und Vertrauter, Grund und Ziel unseres Glaubens, eine Hilfe an jedem Tag unseres Lebens. Tatsächliche und gefühlte Schuld wird von Gott nicht nur vergeben, sondern in Freiheit von Schuld und in Freude verwandelt.

Auferstehungsglaube ist Vor-Freude. Die Gewissheit eines Lebens in einer gerechten, zukünftigen Welt motiviert uns, uns auch jetzt schon für soziale Gerechtigkeit und heilvolle Beziehungen einzusetzen und gegen Menschenverachtung und sinnloses Leiden aufzustehen. Wer an die Auferstehung glaubt, der glaubt daran, dass Gott das, was für uns unmöglich ist, möglich macht.

Oder hätte jener Bauer an der Grenze damals gedacht, dass nur wenige Wochen später die scheinbar unüberwindbare Mauer fallen würde?

Auferstehung ist unser Glaube,
Wiedersehen unsere Hoffnung.

8. Wir glauben an den Dreieinigen Gott (2007 – Kurzfassung)

Gott: Einer und zugleich Drei?

Wir Christen reden in unserem Gottesdienst und Glaubensbekenntnis gerne von „Gott Vater, Sohn und Heiliger Geist". Die dahinterstehende Glaubensüberzeugung bezeichnen wir als Trinitätslehre. Andere Ausdrücke sind Dreifaltigkeit[1] oder Dreieinigkeit. Der letztgenannte Ausdruck macht deutlich, dass wir damit beides betonen wollen: dass es nur einen Gott gibt, sein Wirken sich aber dreifach offenbart. Nun ist das nicht nur für Nichttheologen zumindest ein Widerspruch, wenn nicht gar eine logische Unmöglichkeit. Wie kann einer eins sein und gleichzeitig drei? Unverständnis wird auch immer wieder im Dialog mit den anderen monotheistischen Religionen (Judentum, Islam) bekundet: die Trinität wird dort für eine Drei-Götter-Lehre gehalten. Damit verlören wir Christen den Anspruch, eine monotheistische Religion zu sein.

In dieser Erklärung möchten wir[2] erläutern, warum die Trinität für uns unverzichtbar ist, weniger als starre Lehre als ein Begreifen dessen, wovon die Bibel uns Zeugnis gibt: dass Gott diese Welt erschuf, in Jesus Christus unserem Leid begegnete und noch heute durch den Heiligen Geist den Menschen nahe ist.

Das Zeugnis der Bibel

In der Bibel sehen wir uns (im Alten wie im Neuen Testament) einem Gott gegenüber, der dynamisch, geschichtlich handelnd und persönlich ist. Er spricht zu Menschen und Menschen

---

[1] Der Ausdruck „Dreifaltigkeit" ist mehr im Katholischen Raum verbreitet.

[2] Das sind die in der Theologischen Kommission der Arbeitsgemeinschaft Christlicher Kirchen Hamburg vertretenen Kirchen.

sprechen zu ihm. Eine mehr oder minder ausgearbeitete Trinitätslehre erscheint aber erst nach Jahrhunderten des Ringens um das, was in Jesus Christus geschah, also lange nach der Abfassung der biblischen Zeugnisse.[3] Die Bibel überliefert ihn nämlich nicht nur als Lehrer, Prophet oder Vorbild, sondern als einen, der Sünden vergibt (was nur Gott kann[4]) und der in göttlicher Autorität lehrt und auftritt (z.B. Bergpredigt[5]). Der Evangelist Johannes sagt gar, dass Jesus bereits an der Erschaffung der Welt beteiligt war[6], dass er und Gott „eins" seien.[7]

Ferner besteht eine enge Beziehung zum jüdischen Erbe, wenn das Neue Testament Jesus als „Herrn" (Kyrios) anredet[8], wenn es den Gottesnamen JHWH auf Jesus bezieht[9], wenn Menschen in ihm den Messias erkennen[10]. So antwortet das Neue Testament auf die Frage, wie Gott sei, mit der sinngemäßen Aussage: wie Jesus, denn in ihm wurde er Mensch!

In ähnlicher Weise redet das Neue Testament auch vom Heiligen Geist, der Leben vermittelt[11], Glauben bewirkt[12], göttliche Kraft vermittelt und in vielen Bereichen, besonders der Apostelgeschichte, als Gottes Gegenwart erfahren wird.

Dieses Gotteserfahrungen haben schon im Matthäusevangelium zu einer bekannten trinitarischen Taufformulierung ge-

---

[3] Das Neue Testament wurde ungefähr zwischen 50-100 n.Chr. abgefasst. Die weitgehende Einigung, welche der abgefassten Schriften die dann 27 Bücher des Neuen Testaments ergaben, dauerte allerdings weitere 100 Jahre.

[4] Z.B. in Mk 2,5-7

[5] Mt 5-7

[6] Joh 1,1-14; vgl. 1. Kor 8,6

[7] Joh 10,30; 17,21 ff

[8] Denn schon im Alten Testament wurde Gott so bezeichnet und angeredet.

[9] Mt 3,3; Röm 10,13. Alles Zitate aus dem AT, die auf Jesus bezogen werden.

[10] 10 Joh 1,41

[11] 11 Joh 3,5-8

[12] 11 Joh 3,5-8

führt: Taufet sie auf den Namen des Vaters und des Sohnes und des Heiligen Geistes.[13]

Die Entwicklung der Trinitätslehre

Man kann sich denken, dass schon von Anfang an heftig um die Trinität gestritten wurde. Im vierten Jahrhundert bekam dieser Streit prominente Vertreter[14] und befand sich auf seinem Höhepunkt. Schließlich einigte man sich auf die Formel: Jesus Christus ist eines Wesens mit Gott dem Vater.[15] Hinzugefügt wurde später: Jesus Christus ist wahrer Mensch und wahrer Gott.[16] Später wurde das lateinische Wort „Person" für die Dreiheit Gottes benutzt, was aber damals etwas anderes bedeutete als das, was wir heute als Person bezeichnen.[17]

Was vielen von außen wie theologische Spitzfindigkeiten vorkommen kann, ist aber nichts anderes als diese grundlegende Erkenntnis aus der Begegnung von Menschen mit Gott: Gott ist die Liebe![18] Man verstand, dass die Liebe und die liebevolle Hingabe Gottes aus seinem inneren Wesen kommt. Dass Gott in der Dreieinigkeit von Vater, Sohn und Heiliger Geist in einer Gemeinschaft des durch Liebe geprägten Gegenübers existiert und dadurch auch im Inneren so ist, wie er sich uns nach außen offenbart. Und Liebe lässt sich schließlich auch nicht mit rationalen Mitteln erklären, tut Dinge, die von außen betrachtet

---

[13] Mt 28,19

[14] Arius, ein Presbyter (Gemeindeleiter) aus Alexandria, bestritt, dass Jesus Gott gleich war. Ihm widersprach Athanasius, der Bischof von Alexandria.

[15] Auf dem Konzil von Nizäa, 325 n.Chr.

[16] Konzil von Konstantinopel, 381 n.Chr. Dies wird als eine Erweiterung des Glaubensbekenntnisses von Nicäa verstanden und daher meist als das Nicäno-Konstantinopolitanum bezeichnet.

[17] Heute meinen wir ein Individuum, einen Menschen. Von der philosophischen Herkunft war damals aber eher das Wesen des Menschseins gemeint.

[18] 1. Joh 4,8

widersprüchlich und unlogisch sind, aber für den Liebenden folgerichtig und völlig klar. So macht die Trinitätslehre nicht posthum Jesus zu Gott und entrückt ihn unserem Zugriff, sondern erklärt umgekehrt, was es bedeutet, dass Gott in Jesus schwach, nahbar, arm, verletzlich und sichtbar wurde.

Bilder für die Trinität

Wenn Worte versagen, müssen Bilder her. So hat man um viele Bildvergleiche gerungen, um das nur schwer Vorstellbare auszumalen – die meisten aus der Natur. Von der Sonne: Form, Wärme, Licht. Vom Baum, bestehend aus Wurzeln, Stamm und Zweigen. Vom Wasser, anzutreffen als Flüssigkeit, Gas und Eis.

Letztlich drückt die Unangemessenheit dieser Bilder nur aus, dass wir es eben mit Gott zu tun haben und nicht mit einem beobachtbaren, beschreibbaren Objekt unter einer Lupe.

Trinitarisch zu Glauben bewahrt

Im multireligiösen Klima unserer Zeit konfigurieren viele ihren Glauben individuell – was die Gefahr von Einseitigkeit oder mangelnder Kenntnis mit sich bringt. Der Glaube an die Trinität aber will vor falschen Gottesvorstellungen bewahren, die Unterschiede machen wollen zwischen einem strengen Gott, einem freundlichen Jesus und einem komplizierten Geist. Gott ist nicht distanziert, nicht Potentat, Diktator, Despot. Er offenbart sich in Jesus, der seinen Freunden die Füße wäscht.

Die Trinitätslehre ist auch das genaue Gegenteil der aus monotheistischen Weltreligionen immer wieder vorgeworfenen Abkehr vom Eingottglauben, weil sie ja gerade die dynamische Einheit Gottes erklären und bewahren will: dass Gott lebendig ist und sich unterschiedlich zeigt und gezeigt hat.

Ferner lässt die Trinitätslehre nicht zu, dass wir Gott und Natur verwechseln, die Natur vergöttlichen, beleben und vergeistigen, letztlich entpersonalisieren, indem wir Gott mit Energie gleichsetzen. Wer Gott nicht mehr als kreativ handelndes Subjekt sehen kann, kennt oft nur noch „das Göttliche". Auch bewahrt sie uns Christen davor, zu mahnenden Moralaposteln zu verkümmern, die nur noch mit dem Zeigefinger auf Ge- und Verbote hinzuweisen wissen, weil sie den Gott der vergebenden und annehmenden Liebe vergessen.

Fazit

Die Trinitätslehre wird nicht mit dem Kopf, sondern mit dem Herzen begriffen. In der Begegnung mit Gott selber. Das kann das Gefühl sein, einen wahren Vater gefunden zu haben. Das kann die Befreiung sein, wenn wir Jesus Christus als lebendigen Retter finden; das kann das diffuse oder konkrete Erleben der Gegenwart des Heiligen Geistes sein. Aber immer ist es eine persönliche und lebensverändernde Beziehung zum dreieinigen Gott.

9. Wir glauben an den Dreieinigen Gott (2007 – Langfassung)

a. Gott: *einer* – und zugleich *drei*?

Christen auf der ganzen Welt bekennen im Glaubensbekenntnis den Dreieinigen Gott: den Vater und Schöpfer, den Sohn und Erlöser Jesus Christus, und den Heiligen Geist, durch den wir Gott erfahren. Sie wenden sich an den Gott, der „einer", dessen Wirkung aber „dreifaltig" ist. Diesem Bekenntnis liegt die Lehre von der Dreieinigkeit oder Dreifaltigkeit Gottes zugrunde.

Juden, Christen und Muslime bekennen gleichermaßen, dass es nur einen Gott gibt. Im Gespräch mit Muslimen erleben wir aber, dass sie den Glauben an einen Gott durch die Trinitätslehre der Christen gefährdet sehen, da sie den christlichen Glauben an den dreieinigen Gott als eine Drei-Götter-Lehre verstehen. Wir Christen aber halten die Lehre von der Dreieinigkeit Gottes für unverzichtbar für ein Gottesbild, das vom biblischen Zeugnis ausgeht: Danach handelt Gott in Schöpfung und Geschichte durch Jesus von Nazareth, und Gott selbst erfüllt Menschen mit Glaube, Liebe und Hoffnung, indem er sich ihnen im Heiligen Geist schenkt. Ist die Rede vom dreieinigen Gott nur noch historischer Ballast, Spekulation, theologische Kopfakrobatik? Oder ist sie ein hilfreicher Ausdruck für ein Gottesverständnis, das Jesus Christus bezeugt und das uns auch heute noch eine reichere und reifere Glaubenserkenntnis ermöglicht?

Wir, die in der Theologischen Kommission der Arbeitsgemeinschaft Christlicher Kirchen in Hamburg Vertretenen, unternehmen den Versuch, die Trinitätslehre für Menschen von heute verständlicher zu machen.

b. Das Zeugnis der Bibel

Das Neue wie das Alte Testament bezeugen einen Gott, der spricht und handelt, der zu uns Menschen eine persönliche Beziehung hat und zu dem wir wiederum eine persönliche Beziehung haben können, z.B. indem wir im Gebet mit ihm sprechen.

Das Neue Testament enthält keine entwickelte Trinitätslehre. Es gibt aber Aussagen von Jesus Christus über sein Verhältnis zu Gott als seinem Vater, die ein Bild für die besondere, von Liebe geprägte Beziehung sind, die Jesus Christus und Gott, den Vater, miteinander verbindet. In der Bergpredigt z.B. begegnet uns Jesus als der, der den Willen Gottes mit Autorität verkündet. Immer wieder beansprucht er Vollmachten, die Gott vorbehalten sind, z.B. wenn er die Vergebung der Sünden zuspricht (Mk 2,5-7). Mit ihm, so sagt Jesus, ist die Herrschaft Gottes angebrochen (Lk 17,21). Wo Jesus ist, dort ist Gottes heilende, helfende und befreiende Macht Wirklichkeit geworden; wo er ist, da ist Gott. Im Johannes-Evangelium wird Jesus Christus das „Wort" genannt, das schon im Anfang der Welt bei Gott war und die Welt mitgeschaffen hat (Joh 1,1-14; vgl. auch 1. Kor 8,6).

An verschiedenen Stellen wird Jesus ausdrücklich als „Gott" bezeichnet (z.B. Joh 1,1+18). Immer wieder wird Jesus „Herr" genannt, was in einer Umwelt, in der Götter so bezeichnet wurden, mehr ist als eine Höflichkeitsanrede (vgl. Apg 10,36). Schon im Alten Testament wurde Gott betont als „Herr" bezeichnet – und dieser Sprachgebrauch wurde dann in neutestamentlicher Zeit auf Jesus Christus übertragen. Er nimmt dabei als Jude das Bekenntnis Israels zu dem einen und einzigen Gott auf (5. Mose 6,4; Mk 12,29ff). In seiner Verkündigung und in seinem Wirken erhält das Erste Gebot Gestalt: „Ich bin der HERR, dein Gott, der ich dich aus dem Land Ägypten, aus dem Haus der Knechtschaft, herausgeführt hat. Du sollst keine anderen Götter neben mir haben!" (2. Mose 20,2-3).

Auch wenn das nachbiblische Judentum die Lehre der Dreieinigkeit strikt ablehnt, hat die Kirche immer eine Vielzahl alttestamentlicher Texte trinitarisch verstanden. So heißt es z.B. in der Schöpfungsgeschichte: „Lasst uns Menschen machen als unser Abbild" (1. Mose 1,26; vgl. 1. Mose 3,22; Jes 6,8). In anderen Texten ist von zwei (z.B. Ps 45,7-8) bzw. drei göttlichen Personen (z.B. Jes 48,12-16) die Rede. In der Begegnung der drei Männer mit Abraham in 1. Mose 18 sieht man oft eine Erscheinung des Dreieinigen Gottes. Nicht zuletzt gibt es einige alttestamentliche Texte mit dem Gottesnamen, die im Neuen Testament ausdrücklich auf Jesus bezogen werden (z.B. Mt 3,3; Röm 9,33; 10,13).

Bei alledem ist wichtig, dass uns in Jesus Christus niemand anders als Gott selbst, wirklich GOTT und GOTT wirklich, begegnet. Aus diesem Glauben lebt das Vertrauen, das schon die ersten Christen dem Menschen und Sohn Gottes, Jesus Christus, entgegengebracht haben, wenn sie ihn „Messias" (= „Christus"), „Retter" oder „Herr" nannten. Er ist also kein anderer oder zweiter Gott. Aber von Gott kann man nach der Überzeugung der ersten Christen nicht sprechen, ohne zugleich von Jesus Christus zu reden. Das meinen die Aussagen im Johannesevangelium, die eine besondere Beziehung zwischen Jesus und Gott beschreiben: „Ich und der Vater sind eins" (Joh 10,30) und: „Niemand kommt zum Vater als nur durch mich" (Joh 14,6). Der Gott, an den Christen glauben, hat das menschliche Gesicht Jesu Christi. In Jesus Christus und in ihm allein begegnet uns Gott. Gott selbst will nicht anders verstanden werden als so, wie er sich im Leben, Leiden, Sterben und Auferstehen Jesu Christi, seines Sohnes, mitgeteilt hat. An Jesus Christus erkennen wir, wer der Gott ist, an den wir Christen glauben. Das ist das Zentrum des christlichen Glaubens; und alle Rede von Gott ohne dieses Zentrum kann nicht wirklich „christlich" genannt werden.

Und noch ein Aspekt ist entscheidend: Wenn Jesus nicht Gott wäre, könnte er Menschen nicht erlösen, dann wäre alle unsere Hoffnung unnütz. Denn wirkliches und volles Heil, die Rettung der Welt – wer sollte das bewirken können außer Gott selbst? Wie sollte ein endliches, vergängliches, der Sünde verfallenes Geschöpf dies vermögen? Darin ist der christliche Glaube unverwechselbar und einzigartig. Darum heißt es in der Apostelgeschichte 4,12: „Und in keinem anderen ist das Heil zu finden, denn es ist uns Menschen kein anderer Name unter dem Himmel gegeben, durch den wir gerettet werden sollen." Das war und das ist die Erfahrung der Christen von damals bis heute.

Das Bekenntnis zum Heiligen Geist erscheint uns noch schwieriger. Im Neuen Testament handelt der Heilige Geist vielfach personhaft: Er vermittelt Leben (Joh 3,5-8), er leitet die Glaubenden (Röm 8,14), er lehrt sie und führt sie in alle Wahrheit (Joh 14,26). Er bewirkt den Glauben an Jesus Christus und schenkt den Mut, ihn zu verkündigen (Apg 4,31), aber er kann auch betrübt werden (Eph 4,30).

Für die ersten Christen war es leichter, den Heiligen Geist so zu verstehen. Denn die Juden erwarteten für das Ende der Zeiten, dass der Geist Gottes kommt, alle Menschen lehrt und ihr Leben zurechtbringt (vgl. Joel 3,1-2). Miteinander in einer neuen Gemeinschaft, der christlichen Gemeinde, im Glauben an die Liebe und Gegenwart Gottes verbunden, sahen die ersten Christen die Verheißung erfüllt: Gott ist gegenwärtig, ist mitten in der Welt und mitten an den Gläubigen wirksam durch den Heiligen Geist. Er schenkt den Glauben an Jesus Christus; er erneuert und reinigt die Herzen zu Liebe und Heiligkeit. Jesus Christus selbst hat für die Zeit nach seinem Tod das Kommen des Heiligen Geistes angekündigt, der an seiner Stelle bei den Jüngern gegenwärtig sein, sie trösten und ermutigen und „in alle Wahrheit führen" werde (Joh 16,13-15; auch 14,16-26). Daraus erwuchs der Gedanke, dass der Geist auch die Christen in Liebe und Einheit untereinander und mit Gott, dem Vater, und seinem Sohn Jesus Christus verbindet. Von dort war es kein weiter Weg mehr zu der Überzeugung, dass der Heilige Geist auch Gott, den Vater, und seinen Sohn Jesus Christus selbst in Liebe vereinige. In diesen Überzeugungen der ersten Christen war der Grundstein für die Entwicklung der Trinitätslehre gelegt.

Der sogenannte Taufbefehl in Matthäus 28,19 gibt diese geschilderten Überzeugungen in einer prägnanten Formulierung wieder: „Tauft sie auf den Namen des Vaters und des Sohnes und des Heiligen Geistes." Einige andere Texte im Neuen Testament weisen auch in diese Richtung (vgl. 1. Kor 12,4-6; 2. Kor 13,13; Eph 4,4-6). Sie und manch andere führten später zur Entwicklung der Trinitätslehre.

c. Die Entwicklung der Trinitätslehre

Erst im vierten Jahrhundert kam es dann zur Entfaltung dieser Formulierungen aus dem Neuen Testament zu einer ausgeführten Lehre von der Dreieinigkeit Gottes. Auslöser dafür war ein heftiger Streit: Arius, ein Presbyter, lehrte einen strengen Monotheismus und lehnte darum die Gottheit Christi ab. Denn wäre Jesus Gott, würden die Christen, so Arius, an mehrere Götter glauben. Das traf den Nerv des christlichen Glaubens. Der Streit um diese Frage, ob der Sohn dem Vater gleich oder nur ähnlich sei, führte zu weiteren Fragen, ob Jesus nun Mensch – wenn auch vielleicht ein außergewöhnlicher – oder aber doch auch göttlich sei. Um den Streit beizulegen, fand man die Formulierung: Jesus Christus ist „eines Wesens mit dem Vater". Entsprechendes wurde auch über den Geist ausgesagt. Später wurde diese Aussage noch einmal präzisiert: Jesus Christus ist wahrer Mensch und wahrer Gott (die sogenannte „Zweinaturenlehre").

Das ist der Versuch, zusammenzuhalten, was nach christlichem Verständnis zusammengehört: Gott und Jesus, Gott und Geist, Jesus und Heiliger Geist. So sind die drei ein Gott und nicht drei Götter. Denn Gott selbst ist es, der uns Menschen begegnet als Vater und Schöpfer, als Sohn und Erlöser, und als Heiliger Geist, der uns Glauben schenkt und uns heiligt: Darum ist es ein Gott. Und Gott selbst lebt als Vater, Sohn und Geist, denn wenn er nicht der wäre, als der er uns begegnet, dann stünde die Wahrheit und Wahrhaftigkeit Gottes auf dem Spiel. Deshalb sind es drei „Personen", aber ein Gott, der in sich selbst ewig differenziert ist. So ist er von Ewigkeiten her zur Gemeinschaft und zur Liebe fähig.

Gott ist also einer in der Einheit des Vaters, des Sohnes Jesus Christus und des Heiligen Geistes. Die drei „Personen" sind zu unterscheiden, aber nicht zu trennen. Jesus Christus ist kein anderer oder zweiter Gott. Und er ist nicht nur ein Mensch; er ist Gott mit uns. Der Heilige Christ ist nicht nur eine unpersönliche Kraft, sondern Gott ganz bei uns.

So können wir nur angemessen von Gott sprechen, wenn wir die drei „Personen" Vater, Sohn und Geist in ihrem Verhältnis zueinander bedenken. Dieses Verhältnis zwischen ihnen ist durch tätige Liebe und Hingabe bestimmt. Das Wirken des einen Gottes an der Welt und an uns Menschen ist ebenso Liebe und Hingabe. Wie der eine Gott in sich selber Beziehungen der Liebe pflegt, so ist er auch Liebe und Hingabe nach außen hin, zur Welt und zu seinen Menschen. Die Lehre von der Dreieinigkeit Gottes ist also nötig, wenn Gott kein ewig in sich selbst ruhendes Prinzip ohne Außenkontakte sein soll, sondern – wie die Bibel von ihm spricht – ein Gott der Hingabe und der Liebe, ein Gott der Nähe und ein liebendes Gegenüber für uns Menschen.

Die Dreieinigkeit oder Dreifaltigkeit Gottes lässt sich so wenig wie das Wunder der Liebe rational erklären. Deshalb haben die Christen zu allen Zeiten die Trinität als Geheimnis mehr in Liedern und im Lobpreis besungen, als sie in Lehrformeln gefasst. Jedes Glaubensbekenntnis ist nicht zuerst Lehre, sondern ein alle Christen verbindendes Bekenntnis, das zur Anbetung führt. Die Trinität bleibt ein Geheimnis, das man nur mit Ehrfurcht bekennen kann. Das wird verständlicher, wenn man bedenkt, dass die Juden den Namen Gottes aus Ehrfurcht nicht aussprechen und sich kein Bild von ihm machen.

Schon von dem Kirchenvater Augustinus (354-430) wird berichtet: In Gedanken über das Trinitätsgeheimnis wanderte er einmal am Strand entlang. Plötzlich saß vor ihm ein Kind, das mit einer Muschel Meerwasser in eine Pfütze schöpfte. „Das Meer in eine Pfütze zu schöpfen, ist ja ganz unmöglich!", rief Augustinus aus. Daraufhin antwortete das Kind, dass es genauso unmöglich sei, mit seinem Verstand das Geheimnis des Dreieinigen Gott zu verstehen.

d. Die Botschaft der Trinitätslehre

„Gott wurde Mensch" – das ist die zentrale Botschaft des Neuen Testaments für alle Zeiten und für heute. Die Vorstellung von der Dreieinigkeit Gottes macht deutlich, dass der Gott, den

Jesus bezeugt hat, nicht „hoch oben im Himmel“, weit weg von uns Menschen wohnt, sondern dass er mitten in dieser unserer Welt gegenwärtig ist. Gott ist da – Gott ist bei uns: Davon spricht die Lehre von der Dreieinigkeit Gottes. Er nimmt in Jesus Menschengestalt an, teilt mit ihm und mit uns Ohnmacht und Zerbrechlichkeit, Gewalt und Leiden. Er bleibt nicht für sich, er sucht im Heiligen Geist Gemeinschaft mit seinen Menschen.

„Gott wird Mensch“ – das bedeutet, dass der christliche Glaube die Armut und Menschlichkeit Jesu radikal ernst nimmt – und auch unsere Armut und Ohnmacht. Gott will sie mit Jesus und mit uns teilen. Dass wir das erfahren, ist eine Wirkung des Heiligen Geistes, der uns das vermittelt. Mit der Trinitätslehre soll also Jesus nicht von der Erde weg in den Himmel entrückt werden. Vielmehr sagt die Lehre von der Dreieinigkeit Gottes, dass Gott uns in Jesus Christus ganz nahegekommen ist und im Heiligen Geist bei uns ist. In dem Gedanken der Trinität geht es also um die Botschaft, dass Gott Mensch wurde, um an unserem Leben in all seinen Höhen und seinen Tiefen Anteil zu haben, weil er bei und mit uns sein will.

e. Bilder für die Trinität

Es gab in der Geschichte der Christenheit immer wieder Versuche, das Geheimnis der Dreieinigkeit in Bildern auszudrücken. Wir Menschen können uns Gott ohne Bilder nur schwer vorstellen. In einem orthodoxen Glaubensbuch heißt es, dass wir mit Hilfe von Vergleichen dem Geheimnis ein wenig näherkommen können. So wird folgendes Bild gebraucht: Die Sonne hat eine Form, die Form des Kreises. Sie ist außerdem Licht und Wärme. Da sind also drei Gestalten, und es ist doch eine Sonne. Ein anderes Bild: Ein Baum besteht aus Wurzeln, Stamm und Zweigen – und ist doch nur ein Baum. Dabei müssen wir immer bedenken: Alle Bilder sind nur schwache Analogien. Sie weisen über sich hinaus auf das Geheimnis der Liebe Gottes, vor dem wir nur staunend sagen können: „O welch eine Tiefe des Reichtums, der Weisheit und der Erkenntnis Gottes!“ (Röm 11,33).

In der Bibel selbst gibt es keine derartigen Verstehenshilfen für die Trinität als solche, wohl aber bildhafte Ausdrücke für Vater, Sohn und Geist. Gott, der Vater, wird allein in den Psalmen u.a. als „Schild“, „Fels“, „Hirte“, „Zuflucht“ und „Festung“ beschrieben. Von Jesus als dem „Wort“ ist bereits geschrieben worden. Er selbst bezeichnet sich in den „Ich-bin-Worten“ des Johannesevangeliums u.a. als „das Brot des Lebens“, „das Licht der Welt“, „die Tür“, „der gute Hirte“, „der wahre Weinstock“ (Joh 6,35; 8,12; 10,9; 10,11; 15,1). Und in Anlehnung an Worte des Propheten Jesaja beschreibt Johannes Jesus als das „Lamm Gottes, das die Sünde der Welt trägt“ (Joh 1,29; vgl. Jes 53,7). Vom Heiligen Geist heißt es im Schöpfungsbericht: „Der Geist Gottes schwebte über dem Wasser“ (1. Mose 1,2). Bei der Taufe Jesu kommt der Geist Gottes „wie eine Taube“ vom Himmel herab (Mt 3,17). In der Pfingstgeschichte wird das Kommen des Heiligen Geistes auf die Jünger mit einem „Brausen vom Himmel wie von einem gewaltigen Wind“ und mit „Zungen wie Feuer“ verglichen (Apg 2,3).

f. Die Trinitätslehre als das unterscheidend Christliche

Das christlich-trinitarische Gottesverständnis richtet sich auch gegen einseitige Sichtweisen von Gott, die es heute gibt. Die einen sagen: „Mit dem Menschen Jesus kann ich etwas anfangen – Gott ist mir aber zu streng.“ Dagegen hält die Lehre von der Dreieinigkeit für Menschen in Zweifeln und Verzweiflung fest, dass Gott kein absolutistischer Herrscher und Diktator ist, unberührbar und fern von uns, sondern dass er Hingabe und Liebe ist. Diese Lehre steht auch gegen ein philosophisches Verständnis der Allmacht Gottes, da der allmächtige und souveräne Gott zugleich und ohne Einschränkung der ist, von dem es heißt: „Gott ist die Liebe“ (1. Joh 4,8).

Die Trinitätslehre steht auch gegen die Behauptung des Islam, Gott würden „Gefährten beigestellt“, und dies würde den monotheistischen Glauben an den einen Gott und an die Einheit Gottes gefährden. Diese Lehre will vielmehr die dynamische und lebendige Wirklichkeit des einen Gottes in ihrer Vielfältigkeit bezeugen: Gott ist einer, aber Gott ist keine „Einsheit"; denn der Gott, von dem wir Christen reden, ist der eine Gott in drei „Personen" und daher immer schon auf Beziehung und Liebesfähigkeit hin angelegt. Christen beten Gott im Singular und nicht im Plural an. Gott ist, christlich-trinitarisch verstanden, immer der Liebende und sich ganz Hingebende: wie innerhalb der Trinität – zwischen Vater, Sohn und Geist –, so auch im Hinblick auf uns Menschen. Gottes Ziel und Wille ist unser Heil, ist Zukunft und Leben für uns; genau das betont die Trinitätslehre auch im Hinblick auf Gottes heilsamen Willen und die ethischen Forderungen seines Gebotes. Dagegen steht das rein monotheistische Verständnis Allahs immer in der Gefahr, absolutistisch zu werden.

Die Lehre von der Trinität stellt klar, dass wir Gott nicht nur in der Natur erkennen, und bewahrt uns davor, das Endliche, Irdische und Vergängliche zu vergötzen oder gar anzubeten. Sie hält die Frage nach der Wahrheit des Glaubens wach, und sie bewahrt ihn vor der Verrechnung mit Nutzen und Gewinn, weil sie von Gott als dem Heiligen, Ewigen und ewig Liebenden spricht.

Die Lehre von der Trinität hält daran fest, dass das Antlitz Gottes sich in Jesus Christus zeigt. So steht sie gegen jedes moralische Verständnis des christlichen Glaubens und den Missbrauch, Jesus nur als Vorbild für das eigene Tun oder für das soziale Handeln zu verstehen: Denn in Jesus Christus ist mehr; in ihm ist das Geheimnis der Liebe Gottes zu finden.

Die Lehre von der Trinität steht auch gegen das Verständnis Gottes, er sei nur eine Kraft, über die wir vielleicht gar verfügen könnten, oder er sei neutraler Urgrund allen Lebens. In ihr geht es immer um das Erste Gebot: „Ich bin der HERR, dein Gott, der ich dich aus dem Land Ägypten, aus dem Haus der Knechtschaft, herausgeführt habe. Du sollst keine anderen Götter neben mir haben!" (2. Mose 20,2-3).

Dass der Gott, von dem wir Christen reden, den wir bekennen und den wir loben, der eine Gott in den drei „Personen" Vater, Sohn und Geist ist, das eröffnet uns eine persönliche, vielgestaltige und lebendige Beziehung zu ihm. Denn unser Glaube bekennt den einen Gott, der schon in sich selbst als der Dreieinige persönliche, vielgestaltige und lebendige Beziehungen hat und diese auch zu uns haben will. Darum gilt: Die Lehre von der Dreieinigkeit Gottes ist keine Leerformel, sie ist auch kein Dogma, das wir gegen die Vernunft glauben sollen. Vielmehr spricht sie unser Herz an, weil sie von dem dreieinigen Gott als dem Liebenden und sich ganz Hingebenden spricht: der Vater, Sohn und Geist, der uns Menschen geschaffen hat zu seinem Gegenüber, der die an ihn Glaubenden aus der Verlorenheit und Sünde erlöst hat, und der ihnen Zukunft, Hoffnung und Leben schenkt, weil er der Lebendige und Barmherzige ist.

10. Was dürfen wir als Christen hoffen?

Erklärung zur Eschatologie der Theologischen Kommission der Arbeitsgemeinschaft Christlicher Kirchen Hamburg, Hamburg 2010

Vorwort

Seit mehr als 30 Jahren arbeiten Vertreterinnen und Vertreter (fast) aller Kirchenfamilien in der Theologischen Kommission der Arbeitsgemeinschaft Christlicher Kirchen Hamburg zusammen. Ziel der gemeinsamen Arbeit ist es, wichtige theologische Themen „verständlich in heutige Sprache und heutiges Verstehen zu übersetzen“ (s. Einleitung: Den gemeinsamen Glauben bekennen). Die Arbeit der Kommission hat sich dabei in den letzten Jahren an dem gleichnamigen Studiendokument des Ökumenischen Rates der Kirchen (ÖRK) von 1991 orientiert. Nach den Erklärungen zu Gott dem Allmächtigen, zur Trinität, Kreuz und Auferstehung bildet der Text „Was dürfen wir als Christen hoffen?“, den Abschluss der Arbeit am Glaubensbekenntnis.

Mit dieser Erklärung stellen wir vor, was Menschen aus unterschiedlichen kirchlichen Traditionen und Frömmigkeiten gemeinsam zu der Frage nach den letzten Dingen, der Eschatologie, sagen können. Wir freuen uns, wenn mit diesem Text in Gemeinden fruchtbar gearbeitet wird.

Hamburg 2011, Martina Severin-Kaiser,
Geschäftsführerin der ACKH

Was dürfen wir als Christen hoffen?

Jeder Mensch wird unweigerlich – früher oder später – vor die Frage gestellt, worauf sein Leben und Schaffen hinausläuft, und ob es über den Tod hinaus eine Perspektive gibt. Die Frage nach der Zukunft stellt sich aber auch global – heute mehr denn je, wenn wir fast täglich aus den Medien hören, dass die Überlebenschancen unseres Planeten an einem seidenen Faden hängen.

Theologen behandeln diese Fragen unter dem Thema der Eschatologie, der Lehre von den letzten Dingen. Die Bibel wählt dafür den positiven Begriff Hoffnung (1. Korinther 13,13).

Im ökumenischen Glaubensbekenntnis von 381 bezeugen Christen weltweit gemeinsam:

„Er (Jesus) sitzt zur Rechten des Vaters und wird wiederkommen in Herrlichkeit, zu richten die Lebenden und die Toten; seiner Herrschaft wird kein Ende sein."

Das Bekenntnis schließt mit den Worten: „Wir erwarten die Auferstehung der Toten und das Leben der kommenden Welt."

Wenn Christen sich nur auf die Gegenwart konzentrieren, dann vergessen sie das Wort Jesu „Mein Reich ist nicht von dieser Welt" (Johannes 18,36). Wenn sie sich nur an sein Wort halten „das Reich Gottes ist mitten unter euch" (Lukas 17,21), dann streichen sie Jesu Bitte im Vaterunser „Dein Reich komme".

Sie vergessen, dass wir immer in der Spannung zwischen „schon jetzt" und „noch nicht" leben. Wenn die Zukunft Gottes mit uns und unserem Glauben ausgesperrt wird, dann werden Leerstellen mit weltlichen Inhalten gefüllt. Wir haben das u.a. im Marxismus mit seinem Ziel einer klassenlosen Gesellschaft erlebt. Wir kennen das an Formen des Fortschrittsglaubens, in der Genmanipulation, in der Propagierung von aktiver Sterbehilfe und von religiös aufgeladenen politischen Heilsversprechen.

Aber: Hoffnung ist eine elementare Lebenskraft jedes Menschen. „Die Hoffnung stirbt zuletzt“, sagt der Volksmund. Wir sind in dieser Welt nie ganz zu Hause. Wir sind uns nie selbst genug. Wir fragen über uns selbst hinaus. Wir verändern uns. Wir haben oder setzen uns Ziele, wenn wir planen und unser Leben gestalten.

Wenn Lebenskrisen uns treffen

Worauf können wir also hoffen? Diese Frage meldet sich am dringendsten, wenn wir in Krisen geraten. Krankheiten, Konflikte, Versagen und Schuld lassen uns nach Sinn fragen. Wir erfahren dann schmerzlich, dass wir selbst und unsere Kräfte begrenzt sind. Wenn alles zusammenbricht, kann auch unser Glaube an Gottes Liebe, an ihn als den Schöpfer, Erhalter und Vollender der Welt ins Wanken geraten. Wir werden dann ganz auf uns selbst zurückgeworfen. „Die letzten Dinge“ werden zu ersten. Wir ringen dann um unser Vertrauen auf den Gott, der sich uns bisher zugewendet hat und der uns jetzt verborgen ist. Wir fragen danach, was er mit uns vorhat, wohin er uns führen wird. Wir klammern uns an die Hoffnung auf ihn. Solche Fragen sind für uns wie Gebete.

Warum der Tod nicht das Ende, sondern Gott unser Ziel ist

Der Tod ist die letzte Grenze. Er konfrontiert uns mit der beängstigenden Tatsache unseres Endes und stellt damit gleichzeitig die Frage nach dem Sinn unseres Lebens und dem, was danach kommt. Verdrängen des Todes, Abwehr und Tabuisierung nehmen zu. Für Geistliche sind Beerdigungen der Ort, an dem sie auskunftspflichtig sind über die Hoffnung, die sie haben.

In der christlichen Tradition findet sich ein bewusster und realistischer Umgang mit Sterben und Tod: „Lehre uns bedenken, dass wir sterben müssen, damit wir klug werden“ (Psalm 90,12). Klug ist es, vom Ende her zu denken. Die Hoffnung auf die bleibende Gemeinschaft mit Gott über den Tod hinaus kommt nicht erst dann ins Spiel, wenn es ans Sterben geht. Mitten im Leben vom Ende her zu denken kann uns helfen, bewusster und mit weniger Angst zu leben. Wir können dann sagen: Heute ist der erste Tag vom Rest meines Lebens. Unsere Hoffnung richtet sich darauf, dass unser Leben nicht nur ein kreatürliches Ende, sondern sein Ziel bei Gott hat. Zu ihm sind wir lebenslang unterwegs, „bis wir bei Gott sein werden allezeit" (1. Thessalonicher 4,17).

Wie das sein wird, überlassen wir vertrauensvoll Gott. Zugleich finden wir aber viele tröstende Bilder und Aussagen in der Bibel, die der Hoffnung einen konkreten Inhalt geben: das Versprechen der Wiederkunft Jesu (Apostelgeschichte 1,11); die Schilderung der Auferstehung der Toten (1. Thessalonicher 4,16); Bilder einer neuen Welt (Offenbarung 21), die Zusage der Hoffnung, Gott zu schauen (Matthäus 5,8).

Obwohl so vieles dagegenspricht, wagen wir, die großen Bilder und starken Worte der Bibel aufzubieten gegen Trauer, Angst und das Sterben der Hoffnung. Denn unsere eigenen Worte, unsere Sprache sind begrenzt. Wir halten die fremden Worte dem eigenen verzagten Herz entgegen. Weil wir daran glauben, dass der Tod nicht das letzte Wort hat und die größte Macht ist, bekennen wir: „Gott wird abwischen alle Tränen von ihren Augen, und der Tod wird nicht mehr sein, noch Leid, noch Geschrei, noch Schmerz wird mehr sein" (Offenbarung 21,4).

Wir sprechen solche Sätze, weil sie uns mit der Auferweckung Jesu verbürgt sind. Wir vertrauen darauf, dass Gott Menschen in der Taufe annimmt und bekennen: Zu wem Gott sich ein für alle Mal bekennt, den lässt er nie mehr, und also auch im Tod nicht, los. Darum glauben wir: Gott hält uns in unserem Leben in seiner einen Hand. Im Sterben nimmt er uns in seine andere Hand. Im Tod hält er uns in seinen beiden Händen.

Vor wem wir uns verantworten

Jeder ist für sich, sein Leben, seine Taten und Untaten verantwortlich. Jeder hat ein Gewissen, das ihm Maßstäbe und Orientierung bei Entscheidungen gibt.

Als Christen verantworten wir uns vor Gott. Er ist für uns die höchste und letzte Instanz. Unser Gewissen bindet sich an ihn und seine Weisungen für ein verantwortlich geführtes Leben: „Es ist dir gesagt, Mensch, was gut ist, und was der Herr von dir fordert, nämlich Gottes Wort halten, Liebe üben und demütig sein vor deinem Gott“ (Micha 6,8).

Christen wenden sich kritisch gegen andere letzte Instanzen: Die eigene Gruppe, die Partei, der Staat, selbsternannte Führer und religiöse Heilsbringer sind nur vorletzte Instanzen.

Als Christen sind wir zu Mitarbeitern Gottes an seiner guten Schöpfung berufen. Deshalb wehren wir uns gegen Allmachtsfantasien, die den Menschen zum Herrn über Leben und Tod machen. Wir wenden uns gegen die Plünderung unseres Planeten, gegen hemmungslose Ausbeutung der guten Schöpfung Gottes. Wir solidarisieren uns mit den Opfern von Gewalt und Unrecht.

Andererseits verstärken wir nicht eine Weltuntergangsstimmung und übertriebenes Krisengerede, wir beteiligen uns nicht an Drohreden über den Zusammenbruch der Kulturen. Wir setzen uns zur Wehr gegen die Behauptung, dass die Klimakatastrophe der Anfang vom Weltende sei. Wir betonen, dass wir sehr wohl verantwortlich sind für die vorletzten Dinge, nicht aber für die letzten. Denn wir halten daran fest, dass unser Leben auf dieser Erde in Gottes Hand liegt. Wir sollen die Schöpfung nicht retten. Wir sollen sie aber mit allen Kräften bewahren. Das begrenzt unser entschiedenes Handeln und macht uns zugleich nüchterner und gelassener.

Wie wir die Frage nach Gerechtigkeit in der Welt beantworten

Menschen leiden unter Unrecht und Ungerechtigkeit, Gewalt und Kriegen. Sie werden Opfer von Verbrechen und dem Bösen, das durch Menschen geschieht. Mit ihnen und allen Menschen guten Willens fragen wir: Sollen Gewalt und Ungerechtigkeit für immer die stärksten Mächte bleiben? Soll das Leid der Misshandelten und Traumatisierten, der Verstümmelten und um ihr Lebensrecht Gebrachten ungesühnt bleiben? Wir wollen nicht, dass Menschen mit dem Hinweis auf das Jenseits und den Himmel vertröstet werden. Kriege und Katastrophen wurden als direktes Eingreifen Gottes in die Geschichte und zugleich als seine Strafe für die Sünden verstanden. Drastische Bußpredigten mahnten zur kollektiven Umkehr. Krankheiten wurden als Strafe Gottes gedeutet und als pädagogisches Mittel der Erziehung eingesetzt: „Wen Gott liebt, den züchtigt er" (Hebräer 12,6). So wurde Gott wie ein mächtiger Tyrann benutzt. Mit ihm zu drohen und Angst zu schüren, ist abzulehnen. Gott ist nicht der allmächtige Lenker der Welt, der alles Leiden schickt. Er ist auch nicht der, der Ungerechtigkeit verursacht. Das tun Menschen. Krankheiten, Leiden unter Gewalt und Unrecht können nicht als Strafe für die Sünde verstanden werden. Gott will nicht den Tod des Sünders, sondern sein Leben. Er will auch nicht, dass Menschen leiden. Er ist der größte Liebhaber des Lebens und seiner Menschen.

Wie wir das Gericht Gottes verstehen

Viele Menschen, auch Christinnen und Christen, haben Mühe mit den Aussagen über Gott als Richter, als Rächer an den Feinden seines Volkes, über seinen Zorn und sein gerechtes Gericht. Sie können sich Gott nur als lieben, gütigen und barmherzigen Gott vorstellen.

Es besteht eine Spannung zwischen den biblischen Worten über Gottes Gerichtshandeln und seiner liebevollen Zuwendung zu seinem Volk und zu seinen Menschen. Beide Seiten, Macht und

Liebe, gehören im biblischen Gottesverständnis zusammen. Gottes Gerechtigkeit ist kein allgemeines Prinzip und keine ausgleichende Gerechtigkeit. Sie bezeichnet vielmehr das gerechtmachende Handeln Gottes, das Unrecht zu Recht bringt und Gerechtigkeit wiederherstellt. Gott bleibt der Liebende, wenn er sein Recht an der Welt und an den Menschen durchsetzt. Gerechtigkeit und Liebe zielen beide auf den Sieg der Liebe über Gewalt und Unrecht. Der Richter ist der Retter.

Die Rede vom gerechten Gericht Gottes dient auch der Aufarbeitung der Geschichte. Wenn nicht mehr von Vergeltung, Gericht und seiner Gerechtigkeit gesprochen wird, werden die Leiden der Opfer und ihre erlittene Gewalt unterschlagen. Dann behalten Gewalttäter Recht. Dann siegen Macht und Gewalt über Liebe und Gerechtigkeit. Darum beten Christen seit je in den Gottesdiensten für die Opfer von Gewalt wie für die Täter. Darum gedenken sie des ungesühnten Leidens. Für Christen sind Gebet und Klagen, das Mitleiden mit anderen und aktive Veränderung von eigenem und fremdem Leiden Teil ihrer Verantwortung. Die Psalmen, Hiob und Jesus Christus selbst stehen dafür.

Wie wir die biblischen Bilder vom belohnenden und strafenden Gott deuten

In der Bibel finden sich im Zusammenhang der Rede vom Gericht harte Gegensätze. Die Schafe werden den Böcken gegenübergestellt, die ewige Verdammnis dem ewigen Leben. Das kann den Eindruck erwecken, als komme alles darauf an, sich das ewige Leben selbst verdienen zu müssen. Dann müsste jeder und jede durch anstrengendes Training Weltmeister der Gerechtigkeit und der Nächstenliebe werden. Das Rechnen mit dem zukünftigen Lohn auf Grund meiner guten Taten und Erfolge wären die Konsequenz. Solches Denken ist abzulehnen.

Gleichwohl geht es um das, was jeder Mensch in seinem Leben getan und nicht getan hat. Ein Loblied auf Untätigkeit und Faulheit wird nicht angestimmt.

Dass Gott nach den Taten urteilt, ist ernst zu nehmen. Dass er belohnt und bestraft, ist vom Segen, von seiner Gnade und Zuwendung her zu verstehen: „Ihr seid teuer erkauft, darum preist Gott mit eurem Leib“ (1. Korinther 6,20) – also nicht mit euren Werken. Ob wir bei Gott in der ersten Reihe sitzen werden, kann nicht Inhalt unserer Hoffnung sein. Das Gericht Gottes betrifft also unsere Taten. Deshalb gilt es, mit Ernst zu hören: Nach einem biblischen Bild wird, was schlecht ist, im Feuer verbrannt, aber der von Gott geliebte Mensch wird gerettet „wie durchs Feuer hindurch“ (1. Korinther 3,15). Auf einen Satz gebracht: Gott hasst die Sünde, aber er liebt den Sünder.

Was die Hoffnung auf das Wiederkommen Christi bedeutet

Die Erwartung von der Ankunft Christi findet sich in biblischen Texten im Zusammenhang der Vollendung der Welt. Die Vorstellung des baldigen Weltendes war schon in biblischer Zeit sehr verbreitet. Damit verband sich der Glaube daran, dass Christus seine Ziele, die durch sein irdisches Leben, seinen Tod und seine Auferstehung vorbereitet wurden, vollenden wird. Er wird dann seine Herrschaft und Gottes Herrschaft auf Erden ausüben und den Tod als letzten Feind besiegen. Dann wird „Gott alles in allem sein“ (1. Korinther 15,28). Das erwartete Kommen Christi ist nicht allein für die Zukunft, sondern auch schon jetzt für die Gemeinden bedeutsam, weil es den Glaubenden eine konkrete Sprache der Hoffnung verleiht. Diese Hoffnung wird beispielhaft in der Feier des Abendmahls/der Eucharistie erfahren (1. Korinther 11,26).

Es fällt Menschen heute schwer, daran zu glauben. Die biblischen Bilder, z.B. die vom tausendjährigen Reich (Offenbarung 20,4), wollen mit der Hoffnung auf den kommenden Christus den universalen Heilswillen Gottes anschaulich machen. Aus ihnen eschatologische Fahrpläne, Zahlen- und Zeitspekulationen abzuleiten, ist abwegig.

Wir sagen stattdessen mit Worten eines Unbekannten:

„Der kommende Gott wird größer sein,
als du und ich ihn gedacht.

Der kommende Gott wird größer sein,
als wir ihn zurechtgemacht.

Der kommende Gott wird größer sein und lebendig,
nicht tot und verstaubt.

Der kommende Gott wird größer sein,
als die Kirche ihn je geglaubt.

Denn der kommende Gott ist für alle da,
ein Gott für die ganze Welt.

Denn der kommende Gott ist dem Menschen nah,
der sich fragt, wer die Welt erhält.“

Wie wir mit den apokalyptischen Bildern umgehen

Viele biblische Endzeitbilder wirken befremdlich. Sie finden sich in Texten, die den Weltlauf und das Weltende in Visionen prophetisch enthüllen. In ihnen geht es um die Gegensätze zwischen drangvoller Gegenwart und rettender Zukunft, zwischen Gott und dem Bösen. Und um die Überwindung des Satans und die Vollendung des Reiches Gottes. Diese Vorstellungen sind die Einkleidung jüdisch-christlicher Endzeithoffnung.

Es ist falsch, die in den Visionen genannten Zahlen und Datumsfestlegungen wortwörtlich zu nehmen. Sie bieten keinen Ablaufplan der Weltgeschichte, der etwa im Himmel schon vorliegt. Dafür steht der Satz: „Es gebührt euch nicht, Zeit und Stunde zu wissen, die der Vater in seiner Macht bestimmt hat“ (Apostelgeschichte 1,7). Die Hoffnung auf den barmherzigen und großen Gott, der Herr ist über die Geschichte und unsere Welt, ist wichtiger als Zahlenspiel und Angstmache.

Die Bilder enthalten ein starkes seelsorgerliches Moment. Sie sprechen den verfolgten Gemeinden zu, dass sie selbst in größter Gefahr nicht untergehen werden. Sie stärken die Gewissheit, dass die liebevolle Beziehung Gottes zu seinen Geschöpfen auch durch den Tod nicht außer Kraft gesetzt wird. Er hat die Macht, sein Recht auf seine Schöpfung und seine Gerechtigkeit durchzusetzen. Die Welt entgleitet ihm nicht. Darum bekennen Christen: Gott macht alles neu (Offenbarung 21,5), er erneuert und vollendet seine Schöpfung.

Die apokalyptischen Bilder mahnen aber auch zur Wachsamkeit. Darin sind sie auch heute von Bedeutung.

Worauf wir hoffen können

Christliche Hoffnung greift immer über alles hinaus, was wir vorfinden, erleben und erleiden, verantworten und unterlassen, glauben und bezweifeln. Sie mobilisiert Kräfte des Gebets und des Widerstands gegen Macht und Gewalt, Unterdrückung und Unrecht. Sie springt weit, so weit, dass sie bekennt: „Wir warten aber auf einen neuen Himmel und eine neue Erde nach Gottes Verheißung, in denen Gerechtigkeit wohnt“ (2. Petrus 3,13). Darum sind Christen in der Welt nie ganz zu Hause. Darum leben sie in dieser Welt, aber nicht von dieser Welt. Darum beten sie: „Dein Reich komme, dein Wille geschehe, wie im Himmel so auf Erden“ (Matthäus 6,10). Wenn sie auf das Ende blicken, beten sie voller Hoffnung und Erwartung in der Muttersprache Jesu: „Maranatha“ – „Komm Herr Jesus!“ (1. Korinther 16,22 und Offenbarung 22,20).

11. Die Taufe

(Februar 2013)

Was den christlichen Kirchen gemeinsam ist

Wasser ist Leben! Aus dem Wasser ist alles Lebendige in der Schöpfung entstanden. Alles, was lebt, braucht Wasser: Pflanzen, Tiere, die Erde, Menschen. Wasser erfrischt, belebt und reinigt.

Manchmal ist das Wasser gefährlich. Wir können darin versinken oder umkommen. So steht das Wasser sowohl für das Leben als auch für den Tod. Wir sehen in ihm eine gute Gabe Gottes, des Schöpfers der Welt und jedes Menschen, uns und unserer Verantwortung anvertraut.

Gott schenkt und gibt Leben. Wir glauben, dass Gott alles Lebendige liebt und es darum auch beschützt und erhält. Wir machen Leben und unser Leben nicht selbst. Wir verdanken es Gott. Jesus hat uns deshalb aufgefordert, das Leben jedes Menschen mit Gott zu verbinden. Die Kirchen sind ihm von Anfang an gefolgt und haben das Evangelium verkündigt und Menschen getauft (Matthäus 28,18-20). So wurden und werden Menschen hineingenommen in das Wirken Gottes. Wer getauft wird, der wird öffentlich und spürbar für alle zum Kind und zum Menschen Gottes erklärt: *Durch die Taufe ist euer altes Leben beendet; ihr wurdet mit Christus gleichsam begraben; aber durch den Glauben seid ihr auch mit ihm zu einem neuen Leben auferweckt worden* (Kolosser 2,12, Übersetzung Hoffnung für alle).

Wir gehören nicht uns selbst. Als Glaubende gehören wir zu Gott, der sich uns zuwendet und unseren Weg durchs Leben begleitet. Durch die Taufe gehören wir zu der einen, weltweiten Kirche, in die wir hineingetauft werden.

Die christlichen Kirchen haben vieles gemeinsam im Verständnis der Taufe. Das wurde nicht immer so erkannt. Jesus selbst hat mit dem sogenannten Taufbefehl (Matthäus 28,18-

20) die Taufe eingesetzt. Deshalb ist sie für alle Kirchenfamilien wichtig. Gleichwohl hat es in der Kirchengeschichte viele Auseinandersetzungen über die Taufe gegeben. Jedes abweichende Detail in der Durchführung wurde leidenschaftlich theologisch untersucht und oft auch umkämpft. Am bekanntesten ist die Auseinandersetzung um Kindertaufe und Erwachsenentaufe.

Fazit

Die christliche Taufe ist eine gottesdienstliche Handlung, in der wir die Zugehörigkeit zum dreieinigen Gott feierlich begehen.
Die Taufe drückt in allen Kirchen aus, dass die Zugehörigkeit zu Gott eine Wahl Gottes ist, sein eindeutiges Ja zum Menschen. Er nimmt uns auf und nimmt uns an, für immer und über den Tod hinaus. Wie auch immer ein Taufritual durchgeführt wird, es wird immer am Menschen gehandelt. Niemand tauft sich selbst.
Die Taufe kann nicht isoliert vom Ganzen des Glaubens und der Gemeinschaft der Gläubigen betrachtet werden.

- Das Neue Testament bietet für die Taufe eine Fülle von Bildern, Symbolen und Metaphern an. Diese erschließen uns Teilaspekte:

  - Wie bei der Taufe Jesu der Heilige Geist in Gestalt der Taube auf ihn herabkam (Matthäus 3,16), so wird der Täufling mit der Gegenwart Gottes, dem Heiligen Geist, beschenkt (Lukas 3,16.22).

  - Die Taufe wird als Herrschaftswechsel bezeichnet. Wer getauft wird, wird aus dem Machtbereich der Gottesferne, der Sünde und des Todes in den Machtbereich Jesu Christi versetzt, der die Macht des Todes besiegt hat (Römer 6; Kolosser 1,13).

  - Die Taufe verbindet den Täufling mit Christus, seinem Sterben und Auferstehen (Kolosser 2,12).

◦ Die Taufe wird als Wiedergeburt, als eine zweite Geburt bezeichnet, aus der ein neuer Mensch hervorgeht (Johannes 3,5; Titus 3,5).

◦ Dasselbe wird mit dem Bild ausgedrückt: *Wer getauft ist, hat Christus angezogen* (Galater 3,27). Der Brauch, dem Täufling ein Taufkleid oder ein weißes Gewand anzuziehen, nimmt diese Deutung auf.

• Die Zugehörigkeit zu Christus führt in die Gemeinschaft und Einheit mit anderen Menschen. Die Kirche ist die Gemeinschaft der Glaubenden, konkret in der eigenen Gemeinde, aber auch weltweit. Die unsichtbare Einheit verbindet alle Christen (1. Korinther 12,13).

• Durch die Taufe entsteht nicht nur ein neues Ich, sondern auch ein neues Wir. Durch die Einheit gelten in der neuen Gemeinschaft neue Werte des Miteinanders. Trennende Unterschiede sind überwunden (Galater 3,28).

• Ein neues Leben wird begonnen. Der von Gott beschenkte Mensch ist eingeladen, in Freiheit und Verantwortung sein Leben zu gestalten (Römer 6,12-14). Das geschieht in der Nachfolge Jesu.

• Freiheit und Verantwortung bedürfen der Einübung. Wie christliches Leben nach dem Willen Gottes aussieht, muss vermittelt werden. Die Bedeutung der Taufe für das eigene Leben muss erfahren und erkannt werden, damit sie zur inneren Überzeugung wird. Daher geht der Taufe eine Vorbereitung voraus bzw. wird sie nachvermittelt, je nach Taufalter, Kinder- oder Erwachsenentaufe. Kurse und Taufgespräche mit den Täuflingen bzw. den Eltern und Paten vermitteln den Sinn der Taufe.

• Mit der Taufe verbunden ist der Begriff des Sakramentes (so vor allem in der katholischen und evangelisch-lutherischen Tradition) oder des Mysteriums (in orthodoxen Kirchen). Die Taufe als Bundeszeichen (wie im Judentum die Beschneidung) wird in evangelisch-reformierter Tradition betont (Kolosser 2,11-12). Diese Begriffe besagen, dass Gott in der Taufe wirklich am Menschen handelt. Es geht nicht – wie beim Aberglauben – um die im richtigen Moment gemurmelten Worte oder die rechte Herzenseinstellung der Anwesenden, sondern darum, dass Gott unabhängig davon handelt und Heil zuspricht.

• Die Auffassungen darüber, was ein Sakrament ist, gehen in den Kirchen auseinander. Einige Freikirchen kommen ganz ohne den Begriff des Sakramentes aus und sprechen von einem Symbol. Alle Kirchen aber meinen das Gleiche: Gott ist anwesend. Er handelt am Menschen. Das Ziel dieses Handelns ist das Heil des Menschen.

Was uns gemeinsam herausfordert

Die Taufe in die „Eine Kirche"

Die meisten Kirchen sind heute in ihrem Taufverständnis so nah aneinandergerückt, dass sie gegenseitig die Taufe anerkennen. Sie unterscheiden sich aber in der Bewertung des Glaubens der zu taufenden Person.

Kirchen, die voraussetzen, dass die zu taufende Person selber in der Lage sein muss, ihren Glauben zu bekennen, bestehen in der Regel auf der Taufe von religionsmündigen bzw. erwachsenen Menschen. Kirchen, die in der Taufe stärker den Ausdruck der zuvorkommenden Gnade Gottes betonen, taufen auch Kinder, wenn deren Eltern, Paten oder die Gemeinde für sie stellvertretend das Glaubensbekenntnis sprechen und für eine christliche Erziehung eintreten.

Obwohl es beim Kirchenwechsel immer wieder zu Problemen der Taufanerkennung kommt, überwiegt der theologische Wille, die Gegensätze zu überwinden. Dazu ein paar praktische Anregungen und Wünsche:

• Einige der Kirchen, die die Erwachsenentaufe praktizieren, anerkennen auch die Kindertaufe, wenn sie in dem Betreffenden einen bereits bekennenden Christen antreffen. Diese Haltung ist zu begrüßen.

• Ebenso wünschen sich Kirchen, die die Erwachsenentaufe praktizieren, dass der historisch belastete Begriff der Wiedertaufe vermieden wird.

• Von evangelisch-lutherischer Seite wäre es in diesem Zusammenhang hilfreich, wenn es stärker gelänge, die Taufe als persönliches Glaubensbekenntnis und Antwort des Glaubenden zu verstehen. Hier stellt uns die gängige Taufpraxis vor folgende Herausforderungen:

  ◦ Der stellvertretende Glaube der Eltern und Paten ist häufig eine schwache und brüchige Basis für eine verantwortliche christliche Erziehung. Hier wächst den Gemeinden eine größere Verantwortung zu.

  ◦ In den Konfirmandengruppen wird eine zunehmend größere Zahl von Mädchen und Jungen erst in der Konfirmandenzeit getauft. Dabei wird die Konfirmation häufig als das wichtigere Fest begriffen, was faktisch zu einer Entwertung der Taufe führt. Zu werben ist für eine Praxis, in der am Ende der Konfirmandenzeit die einen getauft werden und die anderen ein öffentliches Ja zu ihrer Taufe im Kindesalter sprechen.

• Bei der Taufe in den orthodoxen und orientalischen Kirchen werden die Täuflinge in der Regel gleich nach dem Untertauchen mit Salböl gesalbt. Der neue Christ hat damit Anteil am Heiligen Geist. Im Anschluss an dieses Sakrament nehmen die Täuflinge zum ersten Mal an der Eucharistie (Abendmahl) teil. Die Kirchen des Ostens haben keinen Ritus, in dem ein im Säuglingsalter getaufter Mensch im Jugend- oder Erwachsenenalter ein eigenständiges Ja zu seiner Taufe sagt und in dieser Haltung bestärkt wird.

• Auch in der katholischen Kirche wird der Täufling mit Salböl gesalbt.

• Das Sakrament der Firmung ist sowohl in der katholischen als auch in der anglikanischen Kirche mit einer Salbung mit Salböl verbunden.

Taufalter

Ob als Kind oder als Erwachsener getauft gilt: in der Taufe wird dem Täufling Gottes zuvorkommende Gnade persönlich zugesprochen. Darum ist es für die Taufe nie zu spät.

In unserer zunehmend säkularisierten Gesellschaft erleben wir, dass das Taufalter eine immer größere Variationsbreite aufweist und es immer häufiger zur Taufe von erwachsenen Menschen kommt. Entweder weil die Verbindung zur Kirche erst wieder neu gesucht wird oder weil Eltern möchten, dass die Kinder selber entscheiden sollen, ob sie sich taufen lassen wollen. Letzteren ist deutlich zu machen, dass sie ihren Kindern Erfahrungen und Kenntnisse der biblischen und christlichen Tradition vermitteln und damit die Grundlage für eine solche Entscheidung mit auf den Weg geben sollten.

Für die die Kindertaufe praktizierenden Kirchen folgt daraus, dass sie verstärkt Modelle für die Taufvorbereitung Erwachsener entwickeln müssen. Dabei können sie von den Kirchen profitieren, die die Mündigentaufe (wie die Erwachsenentaufe auch bezeichnet wird) praktizieren.

Das Patenamt

In Kirchen, in denen normalerweise die Kindertaufe praktiziert wird, ist es üblich, dem Täufling Paten zur Seite zu stellen. Ursprünglich ist der Pate Taufzeuge, denn erst seit dem 16. Jahrhundert werden Taufen im Kirchenbuch eingetragen. Heute steht die Begleitung des Heranwachsens des Patenkindes im Vordergrund. Im Rahmen der Taufliturgie versprechen die Paten öffentlich, sich um die religiöse Erziehung ihres Patenkindes zu kümmern. In vielen evangelisch-reformierten und evangelisch-methodistischen Gemeinden übernimmt die ganze Gemeinde als „Patin" diese Verpflichtung.

In der Praxis zeigt sich, dass viele Eltern Schwierigkeiten haben, geeignete Paten zu finden, wenn von diesen verlangt wird, dass sie einer christlichen Kirche angehören. Manche Kirchen stellen in solchen Fällen bewährte Gemeindemitglieder, die das Patenamt übernehmen.

In der römisch-katholischen Kirche muss bei einer regulären Taufe mindestens ein Pate römisch-katholisch sein. Christen anderer Konfessionen können auch das Patenamt übernehmen und werden in den Taufbüchern als „Taufzeugen" vermerkt. Die unterschiedliche Bezeichnung von Pate und Zeuge hat damit zu tun, dass der Pate als Bindeglied zwischen Gemeinde und Kind gesehen wird. Es gehört zu den Aufgaben des Paten, dem Kind die Werte der Gemeinschaft zu vermitteln, in die es hineingetauft wurde. Dennoch sind Taufzeugen wichtige Ansprechpartner für Glaubens- und Lebensfragen des Kindes.

Die evangelisch-lutherische Kirche akzeptiert Paten jeder christlichen Konfession, wobei allerdings wenigstens ein Pate evangelischen Bekenntnisses sein soll. Die Paten werden in die Kirchenbücher eingetragen.

Die gelegentlich anzutreffende Praxis, keinen Unterschied zu machen in der Frage der Kirchenzugehörigkeit, entwertet das Patenamt.

Trotz der uneingeschränkten gegenseitigen Anerkennung der Taufe ist es in der römisch-katholischen Kirche bisher noch nicht gängige Praxis, Christen anderer Konfessionen als Paten zu akzeptieren. Eine großzügigere Handhabung wäre hier ein Bekenntnis zur ökumenischen Verbundenheit der Kirchen. Auch im Miteinander der orthodoxen Kirchen auf der einen und der evangelischen Kirchen sowie der römisch-katholischen Kirche auf der anderen Seite ist die volle gegenseitige Anerkennung der Berechtigung, das Patenamt zu übernehmen, nicht immer gegeben. Unter der Voraussetzung, dass die Achtung vor der anderen Konfession gewährleistet ist, sollte jede Christin und jeder Christ, der seiner Kirche verbunden ist, zum Patenamt zugelassen werden.

Taufe und Kirchenaustritt

Alle Kirchen stehen heute vor dem Problem, ihre Taufpraxis in einem zunehmend säkularen Umfeld zu verantworten. Ein besonderes Problem stellen hier die Menschen dar, die aus der Kirche ausgetreten sind. Theologisch gesehen kann niemand aus der Kirche „austreten", denn zu wem sich Gott in der Taufe in besonderer Weise bekennt, den lässt er nicht aus seiner heilsamen und liebevollen Beziehung herausfallen. Die Sorge um die Getauften, die der Kirche – aus welchem Grund auch immer – den Rücken gekehrt haben, ergibt sich also aus dem Verständnis der Taufe selbst.
Zu fragen ist, welche Konsequenzen aus dieser Situation gezogen werden müssen. Offenbar reicht es nicht, mit herkömmlichen landeskirchlichen Mitgliedschaftsmodellen auf diese Situation zu reagieren. Es ist daher auch aus theologischen Gründen über eine gestufte Mitgliedschaft nachzudenken, wie sie beispielsweise in der weltweiten Evangelisch-Methodistischen Kirche praktiziert wird.[19]

Praxis des Taufhandelns

a. Früher wurde zu Hause getauft, heute in der Kirche, weil die Taufe als Gottesdienst und nicht als privates Familienfest gesehen wird. Dadurch wird der Täufling in eine konkrete und weltweite Gemeinschaft der Gläubigen aufgenommen. Der öffentliche Charakter eines Taufgottesdienstes muss betont werden, damit keine „Winkelmessen" stattfinden.

---

[19] Vgl. Abschnitt V, Artikel 215-234 (= S. 115ff), insbesondere Artikel 230 der Verfassung, Lehre und Ordnung der Ev.-Meth. Kirche (online unter http://www.emk.de/fileadmin/unsere-kirche/vlo-2012.pdf).

b. Die Taufe sollte festlich gestaltet werden. Dazu gehören Musik und Lieder, Übergabe der Taufkerze, Mitwirkung der Anwesenden (bei Lesungen, Gebeten, Segenswünschen und Musik). Das betont die Taufe als gottesdienstliche und gemeinschaftliche Feier. Bei Taufen im Gottesdienst kann die ganze Gemeinde einbezogen werden, z.B. durch einen Willkommensgruß für den Täufling. Neue Formen wie z.B. Taufgottesdienste in der Elbe, in Seen oder an Stränden, machen einen Taufgottesdienst lebendiger und intensiver.

c. Alle Kirchen sind sich einig, dass eine Taufe im oder mit Wasser (Untertauchen oder Übergießen) vollzogen wird und im Namen des Vaters, des Sohnes und des Heiligen Geistes geschieht. Diese Praxis stammt aus dem Neuen Testament und aus der Bedeutung des dort verwendeten Begriffes, der ins Deutsche übertragen am besten mit „Untertauchen" wiedergegeben wird. Historisch gesehen haben sich mehrere Arten der Durchführung der Taufe entwickelt, so dass heute neben dem Untertauchen ins Wasser auch das Übergießen oder Besprengen praktiziert wird.

So erklären sich die unterschiedlichen Taufriten der christlichen Kirchen. Das Untertauchen wird in den orthodoxen Kirchen und in Freikirchen (Baptisten, Adventisten etc.) praktiziert, das Besprengen und Übergießen ist hierzulande der bekanntere Ritus durch die Praxis der evangelischen Landeskirchen und der römisch-katholischen Kirche.

Die Unterschiede erklären sich durch das Verständnis, das sich grob in zwei Auffassungen unterteilen lässt. Zum einen das sakramentale Verständnis. Hier wird die Taufe als ein aktives Handeln Gottes im Moment der Taufe verstanden (daher auch die Wichtigkeit eines Pastors/Priesters, der entsprechend von der Gemeinde beauftragt ist). Das Gnadenhandeln Gottes im Moment der Taufe ist wichtiger als der Ritus der Taufe (Untertauchen oder Begießen).

Freikirchen hingegen neigen dazu, die Sakramente (wenn sie überhaupt den Begriff verwenden) als Symbolhandlungen aufzufassen, die ein Handeln Gottes, das an dem Täufling bereits geschehen ist (indem es an Jesus Christus geschah: Kreuzestod, Begräbnis, Auferstehung), wirksam nachvollziehen. Die Taufe ist das Zeichen des persönlichen Bekenntnisses zu diesem Christusereignis. Die biblischen Begriffe Begraben, Auferstehen und Verbindung mit Christus stehen hier im Vordergrund und werden im Taufritus visualisiert. Daher ist es wichtig, dass das Symbol die Botschaft in aller Wirksamkeit ausdrückt. Andere Freikirchen bevorzugen ebenfalls die Form des Untertauchens als Sinnbild für Sterben und Auferstehen mit Christus, aber sie machen nicht den Ritus der Taufe zum Kriterium für ihre Gültigkeit, weil der Glaube des Täuflings wichtiger ist als die Menge des Wassers.

Aus diesen unterschiedlichen Denkansätzen erklärt sich, dass die gegenseitige Taufanerkennung nicht automatisch gegeben ist. Während sakramental geprägte Kirchen durchaus in der Lage sind, (fast) jede Taufe, die mit Wasser und im Namen des dreieinigen Gottes erfolgte, anzuerkennen, kommt es immer wieder vor, dass manche täuferisch geprägte Kirche eine Taufe nicht anerkennt, weil sie dem im Neuen Testament bezeugten Ritus des Untertauchens nicht folgt.

Schlusswort

Diese Ausführungen sollen deutlich machen, dass allen christlichen Kirchen die Taufe eine besondere und heilige Handlung ist. In ihrem Mittelpunkt steht Jesus Christus, unser Herr. Auch wenn die Taufe unterschiedlich gedeutet und gelebt wird, möchten wir die Gemeinsamkeit und Wichtigkeit der christlichen Taufe betonen und verkündigen und so der Einheit der Christen einen Schritt näherkommen.

Informationen

Anerkennung der Taufe anderer Kirchen – Magdeburger Taufanerkennung von 2007[20]

Immer häufiger kommen Kinder und Erwachsene in die Gemeinden, die in einer anderen Kirche getauft wurden. Dann stellt sich z. B. vor der Konfirmation/ Firmung oder im Zusammenhang einer Trauung die Frage, ob die Taufe der jeweils anderen Kirche anerkannt wird. Auch aufgrund dieser Lebenswirklichkeit haben 2007 folgende Kirchen die gegenseitige Anerkennung der bei ihnen vollzogenen Taufen öffentlich festgelegt. Diese Magdeburger Taufanerkennung haben unterzeichnet:

- *Römisch-Katholische Kirche*
- *Evangelische Kirche in Deutschland*
- *Orthodoxe Kirche in Deutschland (für alle byzantinisch-orthodoxen Kirchen)*
- *Evangelisch-Methodistische Kirche*
- *Selbständige Evangelisch-Lutherische Kirche*
- *Armenisch-Apostolische Orthodoxe Kirche in Deutschland*
- *Katholisches Bistum der Alt-Katholiken in Deutschland*
- *Äthiopisch-Orthodoxe Kirche*
- *Evangelisch-altreformierte Kirche in Niedersachsen*
- *Evangelische Brüder-Unität-Herrnhuter Brüdergemeine*
- *Arbeitsgemeinschaft Anglikanisch-Episkopaler Gemeinden in Deutschland*

Diese Taufanerkennung legt die Kirchen nicht auf eine be-

---

[20] Der Text ist online einzusehen unter http://de.wikipedia.org/wiki/Magdeburger_Erklärung.

stimmte Art der Durchführung der Taufe fest, sondern bezieht sich auf alle in den genannten Kirchen durchgeführten Taufen, unabhängig davon, ob sie durch Übergießen mit Wasser oder mit Untertauchen durchgeführt werden.

Die Kirchen, die die Mündigen- oder Glaubenstaufe praktizieren, haben sich der Magdeburger Tauferklärung nicht anschließen können. Gespräche bringen allerdings auch hier zunehmend Bewegung in die Diskussion, die sich auch in Abschnitt 2.1. unseres Textes niederschlägt. Als Beispiel verweisen wir auf das Konvergenzdokument der Bayerischen Lutherisch-Baptistischen Arbeitsgruppe.[21]

Anerkennung der Taufe von Kirchen, die nicht zur Arbeitsgemeinschaft Christlicher Kirchen gehören

- Neuapostolische Kirche. Die Taufen dieser Kirche werden von den evangelischen Landeskirchen und der römisch-katholischen Kirche anerkannt, weil sie nach der Lesung des Evangeliums mit Wasser und im Namen des dreieinigen Gottes mit der klassischen Taufformel ausgeführt werden.

- Christengemeinschaft: Die mit Wasser, Salz und Asche durchgeführten Taufen der Christengemeinschaft (Anthroposophen) werden von anderen Kirchen nicht anerkannt, auch weil sie in der Regel nicht mit der trinitarischen Formel erfolgen.

Nähere Informationen zu Fragen der Taufanerkennung besonders der neureligiösen Gemeinschaften erteilt die Evangelische Zentralstelle für Weltanschauungsfragen in Berlin[22].

---

[21] Online unter http://www.gftp.de/downloads/Konvergenzdokument_Voneinander lernen_miteinander_glauben_%28BALUBAG%29.pdf. Ein ähnlicher Text ist entstanden durch den Dialog zwischen der Europäischen Baptistischen Föderation (EBF) und der Gemeinschaft Evangelischer Kirchen in Europa (GEKE) zur Lehre und Praxis der Taufe, veröffentlicht als Leuenberger Texte Nr. 9, online unter http://geke_neu.jalb-server.net/705-0-6.

[22] Http://www.ezw-berlin.de, info@ezw-berlin.de, Tel. 030/28395211.

Anhang: Text der Magdeburger Taufanerkennung vom April 2007

Die christliche Taufe

Jesus Christus ist unser Heil. Durch ihn hat Gott die Gottesferne des Sünders überwunden (Römer 5,10), um uns zu Söhnen und Töchtern Gottes zu machen. Als Teilhabe am Geheimnis von Christi Tod und Auferstehung bedeutet die Taufe Neugeburt in Jesus Christus. Wer dieses Sakrament empfängt und im Glauben Gottes Liebe bejaht, wird mit Christus und zugleich mit seinem Volk aller Zeiten und Orte vereint. Als ein Zeichen der Einheit aller Christen verbindet die Taufe mit Jesus Christus, dem Fundament dieser Einheit. Trotz Unterschieden im Verständnis von Kirche besteht zwischen uns ein Grundeinverständnis über die Taufe.

Deshalb erkennen wir jede nach dem Auftrag Jesu im Namen des Vaters und des Sohnes und des Heiligen Geistes mit der Zeichenhandlung des Untertauchens im Wasser bzw. des Übergießens mit Wasser vollzogene Taufe an und freuen uns über jeden Menschen, der getauft wird. Diese wechselseitige Anerkennung der Taufe ist Ausdruck des in Jesus Christus gründenden Bandes der Einheit (Epheser 4,4-6). Die so vollzogene Taufe ist einmalig und unwiederholbar.

Wir bekennen mit dem *Dokument von Lima*: Unsere eine Taufe in Christus ist „ein Ruf an die Kirchen, ihre Trennungen zu überwinden und ihre Gemeinschaft sichtbar zu manifestieren" (Konvergenzerklärung der Kommission für Glaube und Kirchenverfassung des Ökumenischen Rates der Kirchen, Taufe, Nr. 6).

12. Das Christentum und die nichtchristlichen Religionen (2016)

Vorwort

Die Theologische Kommission der Arbeitsgemeinschaft Christlicher Kirchen in Hamburg (ACKH) freut sich, mit dem vorliegenden Thesenpapier einen Beitrag zu den Themenfeldern Religion(en), Religionsfreiheit und Multireligiosität beitragen zu können.

Anders als bei vorangegangenen Publikationen der Kommission, die wir in mehrseitigen Essays veröffentlichten, präsentieren wir dieses überaus komplexe Themenfeld in zwölf kurzen Thesen. Eine weitere Besonderheit dieses Dokumentes ist, dass in dieser Thesenform zum ersten Mal ein Konsens vorgelegt wird und keine Erläuterung über Punkte stattfindet, in denen keine Einigung erzielt werden konnte. In diesen Thesen können sich die Beteiligten aus den verschiedenen Mitgliedskirchen der ACK Hamburg so wiederfinden, dass wir die zwölf knappen Sätze als unser gemeinsames Votum zur Diskussion stellen.

Wir haben lange daran gearbeitet, das Thema greifbar zu machen und einzugrenzen. Wir erlebten, wie verschieden unsere Kirchen damit umgehen. Unterschiedliche theologische Prägungen und Lebenskontexte bilden den Grund dafür. Umso wichtiger war es, dass Menschen aus den orientalischen Kirchen, der römisch-katholischen, den reformatorischen Traditionen und verschiedenen freien Kirchen darüber miteinander ins Gespräch kamen und am Ende ein gemeinsamer Text vorgelegt werden kann.

Keiner konnte zu Beginn ahnen, dass das Thema durch den massiven Zustrom an Flüchtlingen an Aktualität und Brisanz zulegen würde und die Thesen für Gemeinden und Werke jetzt eine hilfreiche Orientierungs- und Diskussionshilfe darstellen. Der christliche Glaube und die nichtchristlichen Religionen sind in einer pluralen Optionsgesellschaft ein Thema, das uns noch viele Jahre begleiten und herausfordern wird.

Trotz der Aktualität des Themas sei darauf verwiesen, dass unsere Thesen auf dem Hintergrund wichtiger internationaler Reflexionsprozesse erarbeitet wurden, die seit vielen Jahren in der ganzen Christenheit stattfinden. Zwei davon seien explizit genannt: Im Oktober 2015 jährte sich zum fünfzigsten Male die Veröffentlichung der „Erklärung über die Haltung der [römisch-katholischen] Kirche zu den nichtchristlichen Religionen“, die das Zweite Vatikanische Konzil 1965 unter dem Namen *Nostra Aetate* rechtskräftig verkündete. In ihr wird Wahres und Heiliges auch in anderen Religionen anerkannt.

Im Juni 2011 verabschiedeten der Päpstliche Rat für den Interreligiösen Dialog (PCID), die Weltweite Evangelische Allianz (WEA) und der Ökumenische Rat der Kirchen (ÖRK) gemeinsam das Dokument „Das christliche Zeugnis in einer multireligiösen Welt.“[23] Ziel dieses viel beachteten Textes, so dessen Vorwort, sei, dazu zu ermutigen, seinen Inhalt zu studieren und das christliche Zeugnis in der Welt zu schärfen. Genau dieser Herausforderung hat sich die Theologische Kommission der ACK Hamburg gestellt.

Am Ende handelt es sich aber um nichts anderes als eben um Thesen, also Behauptungen grundsätzlicher Art, über deren Bejahung oder Ablehnung sich jede Leserin und jeder Leser eine eigene Meinung bilden soll. Wann immer dieses Nachdenken in Gremien, Kirchen, Gesprächsgruppen, Werken oder auch nur in Gedanken stattfindet, hat unsere Arbeit ihren Sinn erfüllt. Sollte das Ergebnis ein noch klareres und überzeugenderes Zeugnis des Evangeliums Jesu Christi in der Welt sein, so war hier mehr am Werk als nur theologischer Fleiß. Das ist unser Wunsch und unsere Hoffnung.

---

[23] www.missionrespekt.de

12 Thesen

1. Jeder Mensch, ob er sich als religiös bezeichnet oder nicht, hat eine Weltsicht. Die Voraussetzung zur konstruktiven Auseinandersetzung mit anderen Religionen und Weltanschauungen ist, sich dieser eigenen Sichtweise bewusst zu sein und nicht eine neutrale Perspektive zu suchen, die es nicht gibt. Diesen Thesen liegt der christliche Glaube zugrunde.

2. Da Religion und Weltanschauung den ganzen Menschen, nicht allein seine Gefühle oder seine Vernunft betreffen, ist jede Auffassung von „der Wahrheit" menschlich und damit fehlbar. Andererseits glauben Christen, dass Gott die Wahrheit ist und sie Menschen auch offenbaren will. Das bedeutet nun weder, dass alle gleich Recht haben oder das gleiche Ziel verfolgen (Relativismus). Auch bedeutet es nicht, dass nur die eigene Überzeugung die Wahrheit abbildet (Exklusivismus). Es bedeutet, die eigene Gotteserkenntnis und -erfahrung in Demut zu bezeugen.

3. Die Zehn Gebote verbieten das Ablegen falschen Zeugnisses. Das gilt auch für den Umgang mit anderen Religionen. Wir möchten in unseren Aussagen über den Glauben und das Leben in anderen Religionen wahrhaftig sein. Dazu bedarf es der Kenntnis und Bildung und der Bereitschaft, die eigene Meinung zu verändern.

4. Glaube ist nach biblischem Zeugnis göttliches Geschenk. Trotzdem unterliegt er der Sündhaftigkeit des Menschen, der ihn ausübt. Der gelebte Glaube führt zu menschlichem Tun. Deshalb kann er aufbauen aber auch zerstören, ermutigen aber auch entmutigen, Frieden stiften aber auch Zwietracht säen.

5. Religion ist keine Privatsache, weil die Beziehung zu Gott auch immer die Bildung eines Gemeinwesens miteinschließt. Ob Minderheit oder Mehrheit, ob Einheitlichkeit oder Pluralismus: Wo mehrere Menschen zusammenleben, wird Religion eine Rolle spielen.

6. Wir wollen dem Beispiel Jesu folgen, der auf Gewalt verzichtete und dem Gespräch mit religiös anders Orientierten nicht auswich. Er lebte das, was er predigte, als er uns aufrief, Friedensstifter zu sein.

7. Der Friedensauftrag Jesu wurde in der Entwicklung des christlichen Glaubens verdunkelt, als religiöse Forderungen durch Anwendung staatlicher Machtmittel durchgesetzt wurden. Wir brauchen die Trennung von Staat und Kirche als Voraussetzung einer guten Nachbarschaft unterschiedlicher Religionen.

8. Die Bibel spricht sowohl von Erlösung als auch vom Verlorengehen. Erlösung geschieht allein durch Jesus Christus. Da alles von ihm und zu ihm hin geschaffen ist, entzieht es sich aber unserer Beurteilung, über Verlorengehen und Erlösung von Menschen zu urteilen. Mit Paulus glauben wir, dass Gott sich den Menschen auf vielfältige Weise zeigt und sie zu sich zieht.

9. Wir bekennen uns zu einer Auffassung von Toleranz, die mehr ist als Duldung. Sie erfordert reges Interesse und eine Wissbegierde über den Anderen und Fremden. Im Gespräch wollen wir mehr hören als reden und mehr fragen als antworten. So soll sich unser Respekt vor dem zeigen, was andere in ihrem Innersten bewegt.

10. Christlicher Glaube ist Sendung (Mission) und Verkündigung. Er kann nicht schweigen von dem, was er erlebt hat. Zum Dialog gehört auch das gegenseitige Bezeugen und das mögliche Überzeugtwerden. Zur Religionsfreiheit, die wir verteidigen, gehört auch die Freiheit zum Wechsel der Religion.

11. Das Ziel der christlichen Hoffnung im Neuen Testament ist die Wiederkunft Christi. Das Kommen Gottes in diese Welt wird dann in Fülle vollzogen sein. Die sich daraus ableitenden Tugenden sind Wachsamkeit und Geduld. Sie prägen auch den Dialog mit Andersgläubigen.

12. Als Christen bekennen wir uns, ebenso wie Juden und Muslime, zum einen Gott, den wir in je eigener Weise anbeten. Wir erkennen zugleich, dass die Gottesvorstellungen unterschiedlich sind.

Fazit

Wir nehmen die Herausforderung religiöser Vielfalt an. Vielfalt kann Segen sein, ist aber auch mühevoll. Die zunehmende religiöse Vielfalt in unserem Land sollte zu gegenseitiger Rücksichtnahme führen. Sie darf als Bereicherung erfahren werden.

13. Gerechtigkeit (2018)

Gerechtigkeit: ein weites Feld!

Bei Forschungen an Haubenkapuzineraffen an der Universität Atlanta stellte man vor einigen Jahren fest, dass diese Tiere einen Sinn für Gerechtigkeit hatten. Die Äffchen wurden je zu zweit einem Test unterzogen. Für das erfolgreiche Beibringen eines Gegenstandes bekam der erste Affe ein Stückchen Gurke. Dann wurde dem zweiten Tier eine Aufgabe gestellt und erhielt als Belohnung eine Traube, eindeutig die bessere Bezahlung. Das erste Tier reagierte auf diese Ungerechtigkeit, warf die Gurke weg oder stellte die weitere Mitarbeit ein.

Dass nicht nur Menschen, sondern sogar Tiere einen scheinbar angeborenen Sinn für Fairness (Gerechtigkeit?) haben, das erstaunt bei den Tieren, nicht bei Menschen. Gerechtigkeit wird als Wert oder zumindest als Wunsch in viele Diskussionen eingeführt, ob sie nun politisch, sozial oder theologisch sind.

An der Schnittstelle zwischen gesellschaftlichem und theologischem Leben hat sich die Theologische Kommission der ACK Hamburg seit 2016 dem Thema Gerechtigkeit zugewandt. Ökumene ist mit dem Thema Gerechtigkeit von innen und außen konfrontiert. Von außen: was haben christliche Kirchen zu den gesellschaftlichen Entwicklungen beizutragen? Haben sie eine gemeinsame Vorstellung eines gerechten Gemeinwesens? Von innen: ist das Verhältnis von großen und kleinen Kirchen gerecht gestaltet, der Kuchen (staatliche Mittel, Zugang zu öffentlichen Einrichtungen und Medien u.a.) gerecht verteilt?

Apropos Kuchen: schon an dieser Stelle wird deutlich, dass Konflikte dort entstehen, wo unterschiedliche Gerechtigkeitsempfindungen aufeinanderprallen. Dazu dient das Beispiel einer Mutter, die einen Kuchen gerecht an vier Kinder verteilt, die um den Tisch sitzen. Das erste Kind heißt „Verteilungsgerechtigkeit“ und besteht darauf, dass exakt vier gleich große Stücke ausgegeben werden; das zweite heißt „Leistungsgerechtigkeit“.

Dieses Kind hat beim Backen des Kuchens geholfen und beansprucht ein größeres Stück, weil es mehr Leistung erbracht hat als die anderen. Das dritte Kind heißt „Bedarfsgerechtigkeit". Weil es unternährt ist, braucht es mehr Nahrung als die anderen und sollte ein größeres Stück bekommen. Und das letzte Kind ist die „Anspruchsgerechtigkeit". Dieses Kind hat Geburtstag und erhebt Anspruch auf einen größeren Anteil.

Dieses Beispiel macht deutlich, dass es nicht reicht, den Begriff „Gerechtigkeit" auf Plakaten besonders groß zu schreiben, wenn unklar ist, wovon wir reden und welche Komplexität dahintersteckt.

Bevor der Begriff Gerechtigkeit in der Philosophie der Antike thematisiert wurde, benutzte ihn schon die Bibel. Um über Gerechtigkeit nachzudenken, war sie uns Ausgangspunkt.

Gerechtigkeit in der hebräischen Bibel (Altes Testament)

Über 500-mal kommt der Begriff Gerechtigkeit in der Hebräischen Bibel vor, am meisten bei den Propheten, den Gesellschaftskritikern Israels. „Der Gerechte" ist nicht nur einer, der einen Kuchen präzise zerteilen kann, sondern der Inbegriff des gottgefälligen Menschen. Oft in direktem Kontrast zum Ungerechten (oder Bösen, Frevler) und in Bezug auf konkretes ethisches Handeln, so wie in den Sprüchen Salomos: *Dem Gerechten gereicht sein Erwerb zum Leben, aber dem Frevler sein Einkommen zur Sünde* (Sprüche 10,16). Der unter unerträglicher Ungerechtigkeit leidende Hiob lässt sich nicht darauf ein, dass seine Gerechtigkeit in Frage gestellt wird, so sehr auch seine sogenannten Freunde ihrer Gerechtigkeitsvorstellung Nachdruck verleihen, nach der Leid eine Folge schlechter Handlungen, ungerechten Tuns, sein muss. Als er sich an sein schönes Leben vor den Schicksalsschlägen zurückerinnert, beschreibt er sein Leben als Gerechter. Interessanterweise macht er es nicht an moralischem Gutmenschentum fest, sondern – und das ist exemplarisch für das Alte Testament – an der Sorge für die sozial Benachteiligten: *Gerechtigkeit war mein Kleid, und wie Mantel und Turban umhüllte mich das Recht. Ich war des Blinden Auge und des Lahmen Fuß. Ich war ein Vater der Armen, und der Sache des Unbekannten nahm ich mich an* (Hiob 29,14-16). Dass Gerechtigkeit heute meist als Soziale Gerechtigkeit daherkommt, hat hier schon seine Wurzeln.

Hier klingt an, was für den Rest der Bibel gilt: Gerechtigkeit ist ein Beziehungsbegriff. Er bestimmt die Ordnung eines Gemeinwesens (zwischenmenschliche Beziehungen), aber auch die zwischen Menschen und Gott. Gleichzeitig ist Gerechtigkeit auch immer das, was irgendwie fehlt. Beobachtbar zunächst an ungerechten Verhältnissen, die von Habgier und Ausbeutung gekennzeichnet sind, über die Vernachlässigung der Schwachen und Armen bis schließlich – so wie bei Hiob – zu der quälenden Frage, ob Gott selber gerecht ist.

Gerechtigkeit im Neuen Testament

Das Neue Testament beginnt mit der Schilderung des Wirkens Jesu, dem wahrhaft Gerechten. Ungerechte Verhältnisse werden angeprangert und an den Rand gedrückte Menschen erfahren Hilfe und Beachtung. Jesus lebt Gerechtigkeit in Beziehungen voll aus, oft zum Unverständnis der Frommen und Mächtigen. Sein Ziel ist es, eine heilvolle Gemeinschaft zu fördern. Wie in der Hebräischen Bibel (dem Alten Testament), so ist Gerechtigkeit im Neuen Testament aber auch (so z.B. bei Paulus) nicht nur ein sozialer Begriff, sondern ein Glaubensweg, bezieht also die vertikale Beziehung mit Gott ein, ist Ausgestaltung des Glaubens im Alltag.

Darüber hinaus wird nun die Heilstat Jesu Christi am Kreuz zum zentralen Wendepunkt der Geschichte: Gerechtigkeit wird so wiederhergestellt, wie es uns Menschen unmöglich ist. Viele Schäden, die Menschen durch ihr Verhalten anrichten, sind irreparabel. Doch die Gerechtigkeit Jesu Christi, die er am Kreuz bewies, als er Opfer menschlicher Ungerechtigkeit wurde, ist im Glauben (durch Taufe und Nachfolge) nun übertragbar auf die Gläubigen. Das ist die große theologische Neuerung, den die alte Kirche als *admirabile commercium* bezeichnete. Luther übersetzte das ins Deutsche als „der fröhliche Wechsel". Was nach menschlichen Maßstäben nicht möglich ist, macht Gott am Kreuz: Jesus nimmt unsere Schuld auf sich und gibt uns seine Gerechtigkeit. Ein Vorgang, der gerne als unverdiente Gnade beschrieben wird (wie in dem bekannten Lied „Amazing Grace").

Aber auch die Frage nach der Gerechtigkeit Gottes, die angesichts von leidvollen Umständen in der Welt schmerzhaft gestellt wird, nimmt das Neue Testament auf, zum Beispiel wenn Paulus an die Christinnen und Christen in Rom schreibt, dass Gottes Gerechtigkeit offenbar geworden ist durch seine Treue, denn wie bei dem alten Propheten Habakuk angekündigt, sandte Gott „den Gerechten" (Römer 1,17; Habakuk 2,4). Er hat tatsächlich ins menschliche Leid eingegriffen, auch wenn uns seine Methoden bis heute suspekt sind, weil sie uns zu gewaltfrei und ohnmächtig anmuten.

Die Gemeinde (oder Kirche) wird nun zu der neuen Gemeinschaft, in der diese heilvolle (gerechte) Ordnung gefeiert und erhofft wird. Die Geschichte hat leider andere Kapitel daran gehängt, und so bleibt die Gerechtigkeit Gottes auch immer ein Ziel, an dem die Kirchen ihr Versagen ablesen müssen.

Gerechtigkeit und Politik

In der Hebräischen Bibel begegnet uns häufig das Zweierpaar Recht und Gerechtigkeit. Gerecht ist nicht nur, wenn die Beziehungen stimmen, sondern für eine heilvolle Ordnung braucht es Regeln. Das ist heute, auch in einem säkularen Staat, Aufgabe der Politik. Durch Gesetze versucht der Staat einen Ausgleich der Interessen und Gewalten herzustellen. Der in aller Regelmäßigkeit plakatierte Ruf nach Sozialer Gerechtigkeit bedarf der konkreten Ausgestaltung, wenn er nicht eine „völlig nichtssagende Formel" bleiben will (von Hayek). Dabei ist die Definition von Gerechtigkeit veränderbar (s.o.). Vor der Agenda 2010 z.B. verstand man unter Sozialer Gerechtigkeit die gerechte Verteilung nach Bedarf, nachher nahm man unterschiedliche Entlohnungen im Rahmen einer Chancengleichheit in Kauf. In der Vielfalt der gesellschaftlichen Auffassungen ist Gerechtigkeit nun weniger die Orientierung an einem absoluten Ideal (Kirche/Bibel/Tradition/Natur) als die interne Verständigung darüber, was sich die Mitglieder einer Gesellschaft einander schulden (Hengsbach).

Da in dieser Diskussion sowohl Anpassung an die Umstände (Beispiel: Agenda 2010) als auch sich an Idealen orientierende Gegenentwürfe eine Rolle spielen, ist das Feld der kirchlichen Einmischung in diesen kreativen Gegenentwürfen zu suchen. Sie entlarven die tradierten Grundannahmen der unsichtbaren Hand des Marktes, des kontinuierlichen wirtschaftlichen Wachstums, der Leistungsmaxime und der unbremsbaren Machbarkeit menschlichen Fortschritts entweder als versteckte Agenden einzelner Lobbygruppen oder rundweg als Mythen.

In den alten Texten der Bibel sind diese kreativen Gegenentwürfe fassbar. Das Gesetz des Mose (die Torah) ist voll von Schutz- und Versorgungsbestimmungen für die Armen. Die Bestimmungen für das Land sind geprägt von einer Ökonomie des Genug, wenn zum Beispiel gefordert wird, dass die Arbeit einmal wöchentlich für einen Tag niedergelegt wird (vom Herrn bis zum Lohnabhängigen, ja bis zum Tier) oder alle sieben Jahre der Acker für ein Jahr ruhen soll. Die Anstößigkeit dieser Gegenentwürfe wird nirgends so deutlich wie im Gleichnis von den Tagelöhnern, das Jesus erzählt. In diesem Gleichnis werden Arbeiter zu unterschiedlicher Tageszeit eingestellt, der Letzte nur eine Stunde vor Feierabend. Am Ende erhalten sie alle den gleichen Lohn: einen vollen Tageslohn. Gerechtigkeit ist hier nicht mathematisch berechnet (Leistungsgerechtigkeit), sondern der Orientierungspunkt ist, dass alle genug für den Tag haben (Bedarfsgerechtigkeit), zu ihren Familien zurückkehren und die Kinder satt ins Bett schicken können. Schon damals ein schwer vermittelbares Gleichnis, aber eben auch ein kritischer Gegenentwurf.

Theologische Begründung

Eine wie auch immer geartete kritische Gegenkultur der Kirchen in der gesellschaftlichen Debatte muss sich auch selber rechtfertigen können. Was ist ihr Ausgangspunkt? Zweifel an gerechten Verhältnissen, gerechter Verteilung oder gerechtem Erleben erreichen ihren Höhepunkt letztlich in der Frage der Gerechtigkeit Gottes, die Gott, leise oder laut, immer wieder entgegengeschleudert wird. Schon die bekannte Schlange im Paradies sät diesen Zweifel: sollte Gott etwa gesagt haben? So verdichtet sich durch die gesamte Bibel eine Frage zur Anklage gegen Gott: bei Hiob in der Klage über ungerechtes Leiden; beim Psalmisten in Lied und Gedichtform, bei den Propheten (z.B. Habakuk) scharf formuliert und schließlich im letzten Buch der Bibel als schmerzhafte Klage der ungerecht ermordeten Märtyrer: wie lange noch? In ihrer kürzesten und nacktesten Form lautet sie: Warum?

Dass Gott keineswegs untätig ist, sondern in und an der Welt handelt, so die christliche Überzeugung, das wird in Kreuz und Auferstehung Jesu Christi deutlich. Dieses „gerechte" Handeln gestaltet schon jetzt die Welt, ist aber gleichzeitig die Sehnsucht der Schöpfung (Römer 8,22), wartet auf weitere Verwirklichung, ist noch nicht beendet.

Somit ist Gerechtigkeit nicht in einem abstrakten oder philosophischen Begriff begründet, sondern im konkreten Handeln Gottes in der Welt, besonders im Leben und Lehren von Jesus Christus und schließlich in seinem Sterben, seiner Auferweckung und seinem Versprechen, wiederzukommen.

Christliche Vorstellungen von Gerechtigkeit werden immer einer Übersetzung bedürfen. Sie lesen aus der Schöpfung die Würde des Menschen ab, aus dem Gesetz seinen Wert und aus den Überlieferungen des Handelns Gottes seinen unbedingten Willen zur Menschlichkeit. Diese Überzeugungen sind in politische Entwürfe zu übersetzen. Kirchen kommen bei dieser Übung nicht immer zum gleichen Ergebnis, aber sie dürfen sich nicht der Pflicht entziehen, sich Gehör zu verschaffen und mitzugestalten.

Schluss: Mitgestalten

Weil Christen die existenzielle Erfahrung gemacht haben, gerecht gesprochen worden zu sein (s.o.), wird Gerechtigkeit auch zu ihrem Lebensthema. Aus diesem Glauben rührt die christliche Hoffnung. Die Bibel nährt diese Hoffnung dadurch, dass sie uns mit unserem Leben in eine erzählbare Geschichte einbettet, die in eine neue Welt mit gerechten Bedingungen mündet, dem Reich Gottes. Dieses Nach-Hinten- und Nach-Vorne-Schauen verankert uns im Alltag und verpflichtet uns zur Teilhabe am Gestalten von gerechter Gesellschaft. Ein bis ins Einzelne des Lebens ausformulierter biblischer Gegenentwurf im Sinne eines Gottesstaates liegt uns (zum Glück) nicht vor. Die Aufgabe besteht vielmehr darin, zu übersetzen: nämlich die Erfahrungen göttlicher Zuwendung und biblischen Zeugnisses in Ausgestaltung gerechten und freiheitlichen Lebens. In diesem Dreieck zwischen biblischen Werten, gesellschaftlicher Diskussion und persönlichen Erfahrungen und Auffassungen kann ein fruchtbarer Diskurs entstehen, der Christen zu demokratischen Stimmen in der Gesellschaft macht und das Verhältnis von Kirchen und Staat immer wieder neu bestimmt: mal kritisch distanziert, mal kooperativ.

Im Sinne der Religionsfreiheit geht es nicht um Privilegien, sondern darum, Katalysatoren gesellschaftlich notwendiger Veränderungsprozesse zu werden, wenn Gerechtigkeit verlustig zu gehen droht.

Im Alten Israel waren die zwei bestimmenden und gestaltenden Faktoren der Gemeinschaft der König und das Priestertum. Daneben gab es aber ein drittes Amt: den Propheten. Der Prophet hatte keine priesterlichen Privilegien, und er hatte auch keine Macht im Staat, außer die Macht des Wortes. Je mehr die Ungerechtigkeit überhandnahm, die Armut grassierte und Ausbeutung zum Normalfall wurde, umso lauter die Stimme der Propheten. Die Stimmen der christlichen Kirchen sind in diesem Sinne als prophetische Stimmen gedacht.

„Es ströme aber das Recht wie Wasser und die Gerechtigkeit wie ein nie versiegender Bach“ (Amos 5,24).

„Unser Christsein wird heute nur in zweierlei bestehen: im Beten und im Tun des Gerechten unter den Menschen" (Dietrich Bonhoeffer, Widerstand und Ergebung, S. 435f).

„Tut mit uns, was ihr wollt, wir werden euch trotzdem lieben. Wir können euren ungerechten Gesetzen nicht mit gutem Gewissen gehorchen“ (Martin Luther King Jr., Kraft zum Lieben, S. 71).